改訂 チームビルディングの技術

みんなを本気にさせるマネジメントの基本18

関島康雄
Sekijima Yasuo

はじめに

チームビルディングはだれにも必要な技術

最近、職場についての悩みを聞くと、「コミュニケーションが悪い」「全体の士気が上がらない」といった声が返ってくることが多い。「昔は、みんなが一丸となって目標達成のために努力したが、最近は個人主義がはびこり、各人が勝手な動きをするようになった」という嘆きも聞こえてくる。

しかし、職場がうまくいかないのは人間関係がドライになったり、部下が利己主義に走るようになったりしたためではない。世代間の意識ギャップや個人の心の問題でもない。本当の理由は、一言でいえば、まわりの状況が変わったのに、昔とあまり変わらないやり方しかしていないからである。いままでのやり方ではうまくいかないのだ。

どう変えるか（how to change）の時代

まわりの状況が変わったとはどういうことか。昔は、人々がほしいものがはっきりしていたので、企業は製品をどうつくるか、how to makeを考えればよかった。目標がはっききりしていた。職場に要求されるのはコストと品質であり、それはある意味で答えが出しやすかった。組織も正規従業員が中心であり、お互いの気心が知れていてまとまりやすく、チームをつくる力、チームビルディング（team building）の技術もさして必要とはされなかった。しかし、まわりに物があふれ、人々のほしいものが多様化してくると、どうつくるか（how to make）よりも何をつくるか（what to make）が大切になってくる。時代が、どうつくるかから、何をつくるかに変化したのである。

ところが、変化はそこにとどまらない。市場のグローバル化や技術の進歩によって、競争の仕方や製品が大きく影響を受けるようになったのだ。デジタルカメラの出現によって写真用フィルムやインスタントカメラの需要がなくなってしまった、ネット企業とリアル企業の競争が激しくなった、などはその一例である。

環境条件がこのように激しく変化するときには、「強いものが生き残るのではなく、変化に適応できたものが生き残る」という進化論的な法則が働き、変化に適応することが最大の課題になる。環境変化に適応して生き残らなければ、how to makeもwhat to makeも意味がない。how to change（どうやって変化に適応するか）が課題になる。

当然、職場に要求される課題も単純ではなくなる。写真フィルムのビジネスがなくなると予想した場合、自分が有している技術や人材、経験から考えて、どんなビジネスができそうかを考えなければいけない。新しいビジネスに取り組む場合、仕事の仕方をどう変えるかを考え、答えを見つけるのだ。それも、同じ境遇にある競争相手に勝つためには素早く、俊敏に、自分を変化させなければならない。

状況が変われば、リーダーの役割も変わる

今日、職場も複雑な問題を抱えている。正規従業員ばかりでなく、派遣社員やパート社員、アルバイト、さらには外国人、定年後雇用延長になった者など、いろいろな雇用形態の人がいることから、それぞれの仕事に対する考え方も多様化し、上司が指示をすればそれですむというわけにはいかなくなってきた。成果主義人事が導入されたのも、仕事が高度化・細分化したのも、時代が変わり、競争の仕方が変わったからである。

このように、競争の仕方が変わり、問題が複雑化したにもかかわらず、多くの人は問題点を整理し、仮説を立てて検証する習慣を身につけていない。たとえば研修などで、リーダーとはどんな役割をする人かというグループ討議をしても、カリスマ性のある人だとか、先頭に立つ人だとかいった答えがあるだけで、討議がその先に進まないことがよくある。職場がうまくいかない状況に対して「一体感が必要」「コミュニケーションをよくす

る」などの対策があげられても、それではなぜ一体感が必要なのか、どうして一体感がないのか、どうすればコミュニケーションが円滑になるのかを問うと、回答がない。「一体感」や「コミュニケーション」などの言葉を発するだけで答えがわかったような気になってしまう人が多い。

一方で、問題解決の安直なヒントはたくさん提供されている。こうすればうまくいくといった記事が雑誌や本にあふれている。それを使って問題の探索や解決に役立てようと考える人もいる。しかし、変化が激しく、新しい現象が次々起こる時代には、そうした安直なヒントは役立たない。簡単に得られる知識や技能は、簡単に失われる。いろいろな人の意見を参考にするにしても、自分で考え、自分で獲得した知恵でないと、実際の場面で使うことはむずかしいのだ。

目標がはっきりしていた時代には、リーダーはいちいち組織の目標について説明する必要はなかった。多くの場合、主任、課長といった責任者がリーダーになって、目標を達成する手段を考え、進むべき方向を指示し、あとは人間関係に気を配ればよかった。しかし、今日のように目標がはっきりしない場合、あるいは目標を何にするかについて意見が分かれる場合には、なぜその目標を選んだかを説明し、みなを納得させなければならなくなる。

ところが同じ職場で働く人であっても、それぞれ仕事についての考え方や人生に対する考え方がみな違う。そういう人たちに協力を求めようとすれば、担当する仕事がそれぞれのキャリアや人生にどのように役立つかを説明しなければならない。「私の責任の範囲はここまでです」と自分で勝手に決めている人には、「あなたに会社が期待している役割はこれです」と伝えなければならない。


チームはむずかしい問題を解決するためにつくられる

どうやって変化に適応するかが課題の時代には、リーダーが答えをもっているとは限らない。

そもそも問題が複雑になると、組織の責任者がいつもリーダーとしてふさわしいとは限らなくなる。責任者が常に問題の解決策をもっているわけではないからだ。職場ごと個人ごとで、抱えている問題も異なることから、昔と違うやり方を取り入れようとすると反対する人も出てくる。そのため、問題ごとに、あるいは問題解決のステップごとに違う人をリーダーとしたほうが効率がよい場合も生じる。命令する人がリーダーでないとすると、そもそもリーダーとは何か、リーダーとは何をする人かについて、改めて考え方を整理する必要がある。要は、昔のようなやり方ではうまくいかないのだ。このような複雑な問題に取り組む際にとられる方法の一つが、チームによる解決である。

チームとは、一人では解決できない問題を解決するために、いろいろな専門分野の人を集め、期間を定めて解決策を考えるものである。典型的には、いろいろな目的で結成されるプロジェクトチームがそれだ。プロジェクトチームをつくるのは、一人では解決できない複雑な問題を解決するためである。解決するのに何種類もの専門知識が必要とされ、解決案を実行しようとすると影響がたくさんの部門に及び、関係者の間で利害の対立が起こりそうだと予想される問題――そういう問題の解決には、いろいろな専門家の協力が不可欠となる。よい解決策をみつけるためには、異なる意見をもつ人を集める必要がある。しかし、多様な意見をもつ人々を問題解決という方向に向かって努力させ、一定期間のうちに、ひとつの結論を出すのは簡単なことではない。ここにチームをつくる力、チームビルディングの技術が求められる理由がある。

日本人は集団主義なのでチームで活動するのが得意だとか、チームワークをとるのが上手などと、一般的には思われている。しかし、最近の職場の状況や研修の際のグループ討議などを詳しく観察すると到底、そうとは思えない。

日本のチームワークのよさとは、仲よく物事を進めることに重点があり、新しいものをつくり出すチームワークではない。対立を避けようとする傾向が強いことと、自分の意見を上手に説明できないことが原因で、対話が進んでいるようにみえて実際は何も進んでいない。そのため、チームとしての意思決定があいまいなまま議論が進行し、後で手戻りが発生したり、表面的にしか合意がとれていない結論となってしまう。チームワークがとれるのは長くつき合った人と活動するときだけで、考え方の異なるメンバーと一緒に仕事をするのは、本当は得意ではないのではないかと思える。

チームで活動するよい点は、異なる意見がぶつかることにより新しい考え方が生まれたり、互いに相手から勉強できたりすることだ。しかし、対立をこわがって、各人が自分の意見をはっきりといわなければ、新しい切り口は生まれない。対話が不足し、人間関係が希薄になれば、学び合うことはできない。先輩が後輩を指導することもできなくなる。人が育たないのだ。これでは複雑な問題の解決はかなわなくなる。

職場には、一人で解決できない問題がたくさんある

チームワークが必要になるのは、環境の変化に適応するような大きな場面だけではない。毎日、仕事をする上で上司や同僚、他の職場で働く人など、いろいろな人の協力を求めなければならない場合はいくらでもある。チームビルディングに関する技術は、日常の職場管理にも必要で、だれもが身につけるべき技術なのだ。

そうであるにもかかわらず、チームビルディングについて本格的に書かれた本は少ない。チームビルディングというタイトルの本もあるし、セミナーもある。しかし、ビジネスパーソンが仕事をする上で普通に必要とされる技術という視点からみると少々、もの足りない。仕事を遂行する上での基本的な理論、たとえばリーダーシップ理論やキャリア論、組織論やマーケティングの理論にもとづいて、チームビルディングの技術を広い視点から解説した本は少ないのだ。

本書ではチームビルディングを、ビジネスパーソンであればだれにでも必要な、基本的な技術ととらえる。いろいろな考え方をもつ人が職場に混在するようになったので、昔なら普通であった問題も、すぐに複雑な問題に転化してしまう。そこで、チームビルディングの技術を、複雑な問題を上手に取り扱うためのスキルととらえ、次のような切り口から考える。

Ⅰ　なぜ本格的なチームが必要となるのか
Ⅱ　どうすれば本格的なチームがつくれるか

Ⅲ　どうすれば人を育てるチームになるのか

＊

チームビルディングの技術が必要だという考え方の底流には、今日のグローバルな競争を勝ち抜くには、「教育力の強化が不可欠」だという問題意識もある。これからの仕事のスタイルは、メンバーのそれぞれが自分のキャリアという目標を追求しながら、一方で組織の目標も達成しようと努力する形になる。グローバルな価値観とローカルな価値観、会社生活と家庭生活などなど、時に相反することがある目標を同時に追求できる企業と個人だけが成功できる時代となる。

相反する目標の同時追求というむずかしい課題を解決することは、一人ではとてもできないので、チームが必要になる。お互い助け合わなければならないからだ。しかし助け合うにしても一人ひとりが自分で考え、自分で行動できるプロフェッショナルでなければならない。自律したプロ人材のいないところに「チームなし」である。勝つためには、自律的なプロフェッショナルでチームをつくらなければならない。

記述にあたっては、筆者の体験とマネジメント理論とを照らし合わせ、「ああそうか！」と私が思った部分だけを紹介することにする（ちなみに「ああそうか！」は英語で Ah-Ha と表現されるので、筆者は「Ah-Haが大切」と呼んでいる）。自分に都合のよい理論だけを取り入れたいわけではない。経験が邪魔をして子どものようには学習できない大人にはこのやり方が正統的な方法だからである。「自分が経験したことは理論的にいうとこういうことだったのか」と納得してはじめて、行動に変化が生まれる。したがって読者のみなさんにもぜひ自分の経験に照らしながらこの本を読んでいただきたい。そして「Ah-Ha」と思った部分については職場に取り入れていただきたい。本書が、チーム活動を効果的にするのに役立つことを期待している。そして「仕事は大変だが、おもしろい」と感じる人が少しでもふえてくれればとてもうれしい。

二〇一九年四月

関島　康雄

目次

改訂・チームビルディングの技術

Ⅱ どうすれば本格的なチームがつくれるか

Ⅲ どうすれば人を育てるチームになるのか

表紙デザイン・本文レイアウト　斉藤重之

I

なぜ本格的なチームが必要となるのか

❖Ⅰ章のポイント

何をつくるか（what to make）が大切な時代から、どう変えるか（how to change）が課題の時代に移り、職場も個人も複雑な問題に直面している。複雑な問題は一人では解決できないため、工夫が必要となる。そのひとつが、「チームによる解決」である。そこでⅠ章では、チームによる解決が必要な理由について考える。

❶従来と同じ方法は続けられない

グローバル化の影響で競争が激しくなり、ものづくりの方法が変化した。加えて、職場で働く人の価値観も、働く理由も多様化し、働き方の変更が求められている。

❷予測困難な複雑な問題に対応しなければならない

複雑な問題は、今後どうなるかが予測困難なため、予測がはずれても生き延びる方法を準備しておかなければならない。変化の幅が大きい場合は、環境変化に適応できたものが生き残ることができる。そのため、大きな組織ではなくチームで問題解決に取り組むほうがよい。また、試みるだけでは意味がなく、目標が達成できるまで努力し続ける必要がある。

❸チームは問題解決のため、協働効果を出すためにつくられる

組織は通常、効率向上のためにつくられるが、チームは問題解決を目的とする。そして、

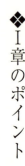

チームによる活動の目標は、一人ではつくれない変化を生み出すこと、メンバー一人ひとりの力の合計以上の成果を出すことである。

❹変化をつくり出すには、はっきりした目標が必要

変化をつくり出すには、何をどのくらい変えるかの目標が必要である。目標には難易度の序列があるが、むずかしい目標でも「達成できるかもしれない」と信じられれば本気で取り組むことができ、明確な目標があれば通常の組織をチームに変えることもできる。

❺チームワークは活動の過程でつくられる

メンバーは、目標が共有できれば自律的に動き、チームの成果にも責任を感じる。このような行動は目標に対する共感から生まれチームワークのもとになるものだが、連帯感とは異なる。変化をつくるのに役立つ協力関係がチームワークであり、一緒に仕事をする過程で徐々に形成される。協力を得るには、メンバー各人の価値観に敬意を払わなければならない。

❻人を育てなければチームの意味がない

現代の競争の仕方は、いまある資源を用いるだけでなく、「将来獲得する能力も含めて闘う」とする考え方が、戦略論では有力になっている。競争に勝つうえでは、今後起こる問題を解決できる人の育成が不可欠であり、そのためには活動から学び、学んだことを次に引き継ぐことはもちろん、「人が育つ」とはどういうことかにも意を用いなければならない。

1 従来と同じ方法は続けられない

グローバル化や技術の進歩で競争が激しくなった

最近スキーに行くと、外国の人とリフトで一緒になることがある。友人がオーストラリアからのスキーヤーに、「なぜこのスキー場を選んだのか」聞いたところ、「ニセコや白馬はオーストラリア人ばかりだから」と答えたという。これは、日本のスキー場はお互いに競争しているだけでなく、世界とも競争していることを物語っている。オーストラリアのスキーヤーは、日本のスキー場を選んでも、ヨーロッパやアメリカのスキー場を選んでもよいからだ。このように市場が世界中に広がる現象をグローバル化と呼ぶ。

市場の広がりは、製品のつくり方にも変化をもたらした。世界中の部品・材料メーカーを利用できるので、ものづくりの工程を分割し、自分が得意な作業は自ら携わるが、他者が得意な仕事は、専門家に任せることが簡単にできるようになったからだ。

自分の得意部分に集中し、そうでないことは他の人に頼んでやってもらうものづくりを水平展開方式といい、パソコンなど、いろいろな機能部品を組み合わせてつくる製品に向いている。一方、製造工程のほとんど全部を自分で行なう垂直統合方式は、それぞれの部品の機能をすり合わせてつくる自動車などの製品に向いている。日本企業はどちらかというと垂直統合方式が得意と考えられているが、世界では水平展開方式のものづくりが有力になりつつある。

グローバル化が進む原因のひとつにインターネットの発達がある。世界中のお客さんや専門家に、簡単にコンタクトできるようになった一方で、競争も激しくなった。通常の企業同士に加え、アマゾンに代表されるようなネット企業との競争も生まれた。

技術の進歩も新しい競争を生む。デジタルカメラが登場したとき、カメラ用フィルムのトップメーカーであるコッダクは、画質のよいフィルムを買いやすい価格で提供すれば、今後も十分闘えると考えた。富士フイルムは、画質は急速に向上するので、フィルムは売れなくなると考え、化粧品・衣料品の分野に参入した。どちらの判断が正しかったかは明らかで、いまやカメラ用フィルムのビジネスは存在しないといっていい。ＡＩやビッグデータ、自動車の自動運転などの技術が、同じような結果を生み出すことは疑いがない。

これまでの方法は、長くは続けられないのだ。

多様化により生じた複雑化の問題

従来と同じ方法が続けられないもうひとつの理由に、「製品の多様化」がある。市場がグローバル化したので汎用品・高級品という製品の機能の区分のほかに、日本向け、アメリカ向け、中国向けといった市場ごとの特徴に合わせた区分が必要になった。それだけでなく、どこでつくるかも考えなければならない。

世界中に市場が広がる前は、自国の市場で成功を収めてから外国に進出するやり方でよかったが、インターネットで情報があっという間に流れる時代では、そんなのんきなことはしていられない。たちまち類似製品や対抗品が出て、市場をとられてしまう。新製品は、できるだけ広い範囲の市場に、同時に販売を開始することが望ましい。そうなると、どこで生産するか、どこの部品を使うか、自分は何をして、ほかの人には何を頼むかの判断が一層重要になる。国ごとに異なるデザインや価格、売り方といった違いだけでなく、生産する国の法律の違いや技術水準も考えなければいけない。当然、お客さんが欲しがる機能も、市場ごとの好みも、法律も、技術の水準も絶え間なく変化する。汎用・高級の区分、販売先地域に適した機能、生産地域の三つはお互いに関係があるので、ものづくりの複雑性は、非常に高くなった。

職場も今日、とても複雑な問題に直面している。いろいろな雇用形態の人が働いていることから、仕事に対する考え方も多様で、将来を考えて技能を身につけようと努力している人もいれば、決められたことだけをすればそれでよいと考える人いる。そうしたメンバーを指導する側も、経験豊かな人、指導をすることにもうひとつ自信をもてない人などさまざまである。さらに、定年後継続雇用で若い人を指導するようになり、従来の仕事に比べ充実感に欠けて張り合いがないと思う人もいれば、その指導を受ける側にも、先輩風を吹かせていていやだと受け止める人もいる。転職したいと考える人、子育てや介護の問題を抱えている人もいるだろう。

こういう職場構成のもとで、「仕事の効率を上げて競争相手に勝てるようにせよ」などと求められても、そう簡単には対応できない。組織の目標をどうやってメンバーに理解させるか、仕事の役割分担をどうするか、メンバーの能力を高めるための機会をどう準備するか、私生活と職場生活のバランスをどう保つかなど、考えるべきことがたくさん出てくる。メンバーが多様化すれば当然、職場の問題解決への取り組みにもこれまで以上の工夫が求められてくる。

時代は「どうつくるか」から「何をつくるか」、そして「どう変えるか」に変化してきた。

働き方を変えなければならない

市場が広がり、ものづくりが複雑になり、職場にも多様な人材がいるとなると、仕事の仕方も変えなければならない。たとえば「働き方改革」である。過労死や、私的生活と仕事のバランスをどうとるか、などに端を発した活動だが、本質は「人々の生き方の多様化にどう応えるか」という問題である。しかし対応策は、長時間残業縮減策が中心で、本当の意味で多様化した要求に応えるものにはなっていない。

これまでの日本は、「密度薄く、仲よく、長く」働いてアウトプットを出してきた。そこから「長く働く」ことだけを止めてしまえば、アウトプットが低下するだけである。生産性を向上させ（密度濃く）、「仲よく」の部分も工夫しなければ、本当の改革とはいえない。

密度濃くとは、単位時間当たりのアウトプットを大きくするよう働くという意味だ。そのためには、個人と組織の両方の効率向上が必要である。また、一人だけががんばっても、他の人が歩調を合わせなければ、職場全体の効率は上がらない。同様に、一つの部門ががんばっても、他の部門が足を引っ張れば、会社の生産性は上がらないのだ。

個人の効率向上のためには、専門性と自律性を高める努力が求められる。いちいち上司の指示を受けるのではなく、大枠の指示だけで自分で判断し行動できなければ困るのだ。

個人にはもう一つ大切なことがある。それはキャリア目標である。どういう人生を送りたいかが認識されていなければ、専門性を高める努力につなげられない。近い将来、日本では七十五歳ぐらいまで働く時代がくる。七十五歳まで働くとなると、就業期間が長くなるので、もっている知識の陳腐化が起こる。技術や産業構造も大きく変化するだろう。これらの変化に対応するには、二つ以上のキャリアが必要になると考えられる。キャリア目標をいくつか定め、それに向かって努力したり、新しいことを学ぶ能力を高める計画をもつ必要が出てくる。また、各人がそれぞれの目標を追求する自由な時間を確保できるよう、お互いの仕事の繁閑を調整し合ったり、作業を手伝ったりする必要もある。チームワークが求められるのだ。

組織もまた、チームワークの発揮を求められる。製造部門はものづくりに、営業部門は販売にと、専門的な業務の実行に責任を負うが、それぞれのめざす方向が違っていては、効率は上がらないからだ。個人も組織も効率向上のために、仕事の仕方を工夫しなければならない。

2

複雑な問題の解決にはチームが必要になる

予測がむずかしければ、変化にすばやく追随する

市場が世界中に広がり、製品が多様化し、どこでつくるか、だれの協力を得るか、などだけでなく、技術の進歩や新しい競争相手のことも考慮に入れなければならないとなると、進むべき方向を決めるのは簡単ではなくなる。

たとえば、アメリカで販売する製品の部品をどの国から調達するか。中国から買うか、台湾からかを決める際は、価格だけでなく、継続的な取引が可能な技術開発力があるか、さらには、政治的な関係も考えなければならない。そもそも、売ろうとする製品の市場での競争力は何年ぐらいあるかを見積もり、それがどの程度正しいのかを判定しなければ生産計画は立てられない。それぞれの要素が互いに関係し、影響し合うので、複雑性が高いのだ。

「複雑性が高い」とは、「半ダースから数ダースの要素が、同時に微妙なつながりをもって変化するような状況」(ウォーレン・ウィーバー、一九四八年。スタンリー・マクリスタル「チーム・オブ・チームズ」より)と定義されるそうだが、その特徴は、予測がむずかしくなるという点にある。予測が当たらないのだ。それゆえ、こうなるだろうという予測にもとづいてつくられた計画は、機能しないケースが頻発する。

予測の的中率が低い場合の対策のひとつは、予測するのをあきらめて、状況がはっきりした時点ですばやく追随する体制を準備するという方法である。ジャンケンの後出しのようなやり方で、流行を追いかけなければいけないファッション業界やエレクトロニクス業界などで採用されている。

もうひとつの方法は、「複雑な問題の解決方法は、これだ」と自分のやり方を押し通して、みなを従わせてしまうことにより予測の必要性をなくしてしまう手法である。帝国主義的なやり方といえる。これは、技術の良し悪しではなく、賛成する人が多いほうが業界の標準になるという傾向を利用するもので、技術の進歩が速く、ニーズに応える方策が多数ありえる業界でよくみられる。マイクロソフトのwindowsの例がよく知られているが、日本においては、技術的にすぐれたソニーのベータ方式ではなくビクターのVHS方式が業界標準になったケースが有名だ。自分のやり方を業界標準にしてしまえば、自分自身は変化しなくてもすむ。企業経営のやり方はいろいろあるが「GE流がグローバル・スタンダード」というのも、ひとつの典型である。

ただし帝国主義といっても、いろいろなレベルがありうる。自分流のやり方しか認めない、という厳格な帝国主義もあれば、ローマ帝国のように、一定のルールに従えば、あとは自由にやってよいという緩やかなものもある。コアになる部分とそうでない部分を分ける考え方である。製品を例にとると、プラットフォーム（共通部分）にデバイス（機能部品）を追加することによって、汎用品にも高級品にもなる。日本向けにもアメリカ向けにも変化するものづくりの方式は、これに相当する。

恐竜vs哺乳類　変化に適応できるのはどちらか

変化に適応していくためには、大きい組織を動かすよりも、小さい組織を動かすほうが簡単である。ジャンケンの後出し方式と帝国主義方式のどちらにも共通するのが、多数の問題解決チームの活用だ。ジャンケンの後出し式の場合は、すばやく状況に追いつくため複数の対応案を用意し、それぞれの案ごとに対策チームをつくって一定期間実行させる。そして、結果のよかったチームのやり方を全体に適用する。変化への適応期間短縮が狙いである。

プラットフォームとデバイス流の場合は、プラットフォーム部分は大きな組織で担当するが、デバイスに相当する部分は小規模なチームが担当する。製品開発を例にとると、アメリカ向けに適した機能を実行できる部品をつくるチーム、中国向けの機能を実行できる部品をつくるチームなど、市場別のチームを設けることにより製品の開発期間を短縮し市場変化にすばやく対応できるようにするのが目標になる。

大きな環境変化によって恐竜は滅んだが、多様性にすぐれる哺乳類は生き残ることができた。事業の場合も、大きな組織を少数抱えるよりも、小規模な違った性質のチームが多数組み合わされているほうが変化に適応するチャンスが大きい。恐竜よりは哺乳類のほうが生存しやすいのである。

ただし、「対応を試みたけれど、うまくいかなかった」では生き残れない。生き残るには目標を達成しなければならない。そこでは、改革のステップ1、2、あるいはフェーズ1、2といった段階を踏むのではなく、旅程という考え方が改革に取り組む際の基準となりつつある。すなわち第一日目はどこまで行き、一週間後にはどこに到着しているという計画だ。旅行は、目的地に着いてはじめて終了となる。到着するまで旅は続くのだ。

リアル・オプションという対応策もある。研究開発など不確実性が高いテーマに挑戦するときに使われる手法だ。一つの研究テーマに複数のアプローチ案をつくり、それぞれ小規模なチームに研究させる。研究にあたってはステップを細かく分けて、ステップごとに研究を続けるか、中止するかを判断する。続ける場合の選択肢（オプション）は、「規模を拡大して」「縮小して」「急いで」「急がないで」「別な方法で」などがあり、選択肢によって、人材や資金などの資源の投入量を決定する。これは、多様な取り組みの同時遂行を可能にするとともに、早い段階で判断することにより、速く目的地にたどり着くことができる。農業では、天候の予測がむずかしいときには、暑さに強い種、寒さに強い種、強い風に耐えられる種など、いろいろな性質の種をまくといった方策がとられるが、それと同様な対応策である。

要は、変革をすばやく実現するには、いろいろな方策を同時に小規模な単位で試してみることである。賞与の支払い方式を働き方改革に合わせて変更しようとするなら、改訂案を四～五案策定し、それぞれの案を職場単位で割り当て、一定期間実行させる。そして結果のよかった案を正解として会社全体に適応するのである。

不確実性が高い場合、早く結果を得るにはチームによる解決が確実なのだ。

3

仲よくするだけではチームワークはでき上がらない

「チームワークとは仲よくすること」は本当か

個人の能力、一つの職場の能力を向上させたとしても、個人と個人、職場と職場がばらばらに動いていたのでは、効率は上がらない。組織全体の効率を高める解決策のひとつが、チームワークをよくする、というものである。

一般に日本人はチームで働くことが得意で、チームワークがよいとされているが、実際はそうではなく、チームワークは大変悪い。チームワークとは「仲よくすること」という誤解がはびこっていて、この誤解が、みんなと同じようにすることをよしと考える傾向、同調圧力を生み、変革を妨げている。そのため、みなと異なる意見をいうことは控えられ、有効な議論が成立しない。反対意見が少しあるだけで、提案は退けられ、問題は先送りされてしまうのだ。

チームワークとは本来、「結果を出すことに協力する」ことであり、仲良くすることは、チームの条件のひとつにすぎない。仲がよいというだけでは不十分なのである。

そもそもチームという言葉が乱用されている。野球チーム、サッカーチームもあれば、会社そのもの、あるいは会社の一部である部や課といった組織を一つのチームとみなす場合もある。安全衛生委員会や教育委員会といった組織をチームと考えることもあるし、特定の問題解決のために一時的に結成されたプロジェクトももちろんチームである。一定の目的のために集まって何かをしていれば、すべてチームと呼ばれかねない。しかし一定の目的のために集められた人々が、「一人ではつくれない変化をつくり出し、個人個人の力を合わせた以上の成果をあげた」という状態になってはじめてチームと呼ばれる状態になる。

「チーム」と通常の「組織」との違い

チームも組織の一形態である。では、経理部とか資材部といった、会社にある通常の組織とチームとは、どこが違うのだろうか。

いずれも「組織」である点に変わりはないが、「つくられる理由」が異なる。

組織は、「仕事を分けることにより効率が向上する」という分業の原理を応用したもので、分けたほうが仕事をするのに便利な場合につくられる。経理部などの特定の機能を受け持つ組織がつくられるのは、専門的なことはだれかに任せたほうが効率的だからだ。すなわち、いま現在、会社全体として費用がいくらかかっていて、それは収入の規模に比べ大きすぎるのか、それともちょうどよい大きさなのか、などという計算は、設計部門、製造部門などがそれぞれ行なうと手数がかかり本来の仕事に差し支える。それよりは経理部という組織をつくって専門家に任せたほうが効率的なだけでなく、便利でもある。それが経理部をつくる理由である。小さな会社であれば経理部は必要なく、管理部のなかに経理課があれば十分かもしれない。同様に、設計部も製造部も、求める便利さの程度に応じてつくられる。したがって便利でなくなれば、縮小や廃止も当然、ありうる。

このように、設計、製造、検査といった仕事の機能ごとに区分した「横の分業」とは別に、部長、課長、主任といった責任と権限の区分による「縦の分業」もある。縦の分業も責任・権限を分けたほうが便利かどうかで決まる。小さい会社であれば社長一人でなんでも決められるかもしれないが、大きい企業ではそうはいかない。部長、課長といった区分を設け、この程度のことは部長あるいは課長が決めてよい、これ以上になれば社長の承認が必要、などの規定を設け、仕事を分担するほうが効率的に仕事が進められる。すべてを社長が決めなくてもよいようにすると同時に、部長や課長もなんでも上司に相談しなくても仕事が回るようにする仕掛けだ。

チームがつくられるのは、あったほうが便利だからだけではない。会社のチームは、「複雑な問題を、一定の期間内に解決するため」につくられる。複雑な問題を解決するには、何種類かの専門知識が必要となる。たとえば、新製品の開発にあたっては、価格と性能のどちらかを優先しようとすると、片方に不都合が生じ、設計や製造、資材や営業といった多くの部門に影響が及ぶ。場合によっては、関係者の間に利害の対立が起こりかねない。そのような問題は当然、一人では解決できない。一つの組織や部門だけでも解決できないので、専門知識を有する人材を各所から集め、解決策を考えなければならない。

集められる人は、解決しなければいけない問題の性質やむずかしさの程度によって決められる。また、チームに専任の場合もあれば、現職場との兼任の場合もあるが、これは期待する役割によって異なる。専任の人もチームの活動が終了すれば元の職場に復帰するので、チームは原則的には「臨時につくられたれた組織」である。

なお、チームは問題解決に「便利だからつくられる」ので、この点は通常の組織がつくられる理由と同じだが、普段の仕事を効率よく実行することを目的とする通常の組織とは異なり、チームは問題の解決を目標とする。

一人ではつくれない変化をつくる

複雑な問題の解決案は、何らかの形で現状を変えるものになる。現状に不都合や不満足な点があるから、複雑な問題が生じている。だから「変化」が必要なのである。

この変化という言葉には、単にある状態から他の状態になるというだけでなく、何か新しいことをするという意味も含まれる。新しいことをするのは、「状況Aでは不満足なので、状況Bに変えたい」とか、「実行されていない状況Xを、実行している状況Yに変えたい」と考えた結果である。

「ホームページをつくりたいので山田さんと加藤さん、担当してください。庶務主任の鈴木さんは、二人のサポートをお願いします。新製品なども紹介するのがよいと思いますが、どんなサイトにしたらいいか、どういう情報を載せるかは、みんなの意見を聞いてください」

こんな総務部長の指示によっても、チームはつくられる。社内報のような出版物では速報性が乏しく、従業員にあまり読まれない。業務支援という面でも役立たない——こうした不満足な状況をチームという取り組みによって変えるわけだ。

ただし、新しいことを実行するには、たとえ小さなことであっても複雑な課題をともなう。ホームページであれば、まずみんなが関心をもってくれなければはじまらない。正社員の人だけを対象と考えるのでは、職場の状況にマッチしない。定年に近い従業員と、二十代の従業員とでも当然、関心事が異なる。広く顧客に知ってほしい自社製品の情報なども載せるとなると、とても片手間仕事ではできなくなる。

そこでまず、社内のいろいろな部門から人に集まってもらい、ホームページの内容や従業員が知りたい情報などを自由に議論してもらおうと担当チームが組織されることになる。チームをつくるのは、このように一人ではつくり出せない変化をつくるためである。

例をあげよう。

筆者が以前勤めていた日立製作所の経営研修所では、オープンデーと呼ばれる講座を年一回開催している。オープンデーは「能力開発のメンターをふやす」目的でスタートした。まさに一人ではつくり出せない変化をつくるためだ。日立の社員一人ひとりの成長を研修所が支援するには、各人のキャリアプランに応じて選択できる豊富なメニューを揃えることが必要だが、もうひとつ大切なのは、「こういうプログラムがあるので、受けてみてはどうか」と部下に推薦してくれる人をふやすことである。仕事が忙しいと、能力開発の機会があってもそれを逸してしまうケースが多々あるので、上司にメンター（mentor）

の役割を果たしてもらう必要がある。そのためにはまず、部課長の人に研修所のプログラムをよく知ってもらわなければならない。そこで「授業参観」の意味と、忙しい部課長の人でも一年に一回は最先端の知識に触れることができる機会として、公開講座の日を設けた。研修所のプログラムのうち評判のよい十五の講座を用意し、参加者はそのなかから三つを選択受講できるようにした。研修所で通常業務をもちながらこの行事を企画し、実行する部隊が「オープンデーチーム」である。

二〇〇〇年に初めて開催し、そのときの参加者はわずか二百二十五人。しかし、二〇〇七年には一千百七十六人にまで増加した。参加者に占めるリピーターの比率は、初めは二〇％前後だったものが、約六〇％まで上昇した。オープンデーの講座がおもしろい、役に立つと感じる人がふえ、二度三度と参加するリピーターになってくれたのだ。それだけ能力開発に関心をもつ部課長がふえたわけである。能力開発への関心が高くなれば、部下にも「この講座はおもしろいから参加したら？」といってくれたり、「〇〇講座を受けてみたい」という部下の申し出に、快く応じてくれると期待できる。

メンバーの力を足した以上の成果を出す

日立で個人の能力開発に関心をもつ人々がふえたのは、オープンデーチームの努力の賜である。こういう変化は一人ではとてもつくり出せない。

チームをつくる理由は変化を創出するためだと述べたが、チームとして活動した結果が個々人の力を合わせた以上の成果にならなければ、チームをつくった意味がない。一人ひとりに一の力があるなら、五人のチームであれば、それが七になったり一〇になったりしなければチームである必要はなく、一人ひとりが努力すればよかったということになる。

個人個人の力を合計した以上の成果とは、たとえていえば鍋料理のようなもので、野菜、魚、豆腐などを別々にではなく、一緒に調理することによって、うまい料理ができることである。メンバーの一人ひとりにジグソーパズルの一片のように仕事を振り分け、各人がそれぞれの仕事を行なって一仕事が完成するという場合は、人数分以上の成果は出ない。それは、単なる仕事の分割であって、チームに期待されているものではない。

個人個人の力を合計した以上の成果を出すためには、メンバーの一人ひとりが自分の役割を果たすだけでなく、共同作業をしたり、自分の得意なことで相手の足りない部分を補完したりして、支援し合う関係が必要である。それだけでなく、お互いの知識をぶつけ合うことで刺激され、新しいアイデアが生まれるなど、化学反応のような変化が起こることが必要である。この助け合いと化学変化を合わせたものがチームワークである。

4 どのように変えたいか、はっきりした目標が必要

チームをつくるのは、不満足な状態があり、それを変えなければいけないと考えるからである。しかし、ただ変えたいというだけでは変化は起こりにくい。変える以上、どのように変えたいかというはっきりした目標が必要になる。

はっきりした目標とは、全体の目標が明確に定められているので、その目標を実際に達成するための個人の目標も決まりやすく、何をどのくらい変えなければいけないかが、役割別にわかってくる目標のことである。

目標には上位、下位などの区分がある

目標には、目標の全体を示す上位目標と、その目標を達成するために達成すべき中位の目標、下位の目標がある。目標にはランクがあるのだ。このことを示す有名な歴史的事例がある。チームビルディングの技術が長い経験に育てられたものであることを示す意味で、紹介しよう。ドイツがまだプロシアと呼ばれた時代から始まる物語である。

十八世紀、ロシアとフランスという二つの大国にはさまれたプロシアの最大の課題は、ロシアやフランスの政治的介入を排除し、独立した地位をいかに確保するかであった。この時代、軍隊は王様に仕えるものとの考え方が普通だったが、フランスはナポレオン時代、いち早く国民国家となったことから、国民の軍隊という性格を強く帯び、強力でもあった。

プロシアの問題は、フランスと戦争になったときにロシアに背後を襲われるおそれがあることだ。ロシアと戦争になったときも、フランスに背後を襲われる危険がある。フランスとロシアの両方と同時に戦争はできない。兵力を分割しては、どちらにも勝てないからだ。よって、「国家の独立性の維持」という最大の目標を達成するための下位の目標は、「ロシア・フランスとの二面戦争の回避」となる。

外交、軍事あらゆる努力をして二面戦争を避けなければならない。だが万一、二面戦争になった場合は、どちらか一方を素早く倒さなければならない。そのためには要塞に籠もるような戦い方は採用できない。そうなると、野原での戦闘、いわゆる野戦でなければならない。また、相手が要塞に籠もっているなら、そこは回避してまっしぐらに敵の首都をめざす戦い方でなければならないが、そのためには、軍隊の移動速度（行軍速度という）

の速いことが肝心で、「片方を切って、返す刀でもう一人も切る」といった動作ができなければならないのだ。よって、二面戦争回避のさらに下位の目標は、「野戦第一主義で、軍隊の移動速度を速くする」になる。このためプロシアがとった手段は、鉄道網の充実である。また、ロシアの首都モスクワとフランスの首都パリではパリのほうが地理的に近いので、第一の攻撃目標はフランスを前提とする作戦計画シュリーフェンプランを事前に用意した。そして実際、一八七〇年の普仏戦争では、計画どおり短期間でフランスに勝利した。

整理すると、最上位の目標である国家の独立性の維持の達成のためには、上位目標である二面戦争の回避、中位の目標が行軍速度の高速化、下位目標の、対フランス作戦計画の事前作成を達成する、となる。これは、目標には階層があることを示す歴史的な事例である。そして、この目標の階層は、ドイツにおいても採用され、第一次世界大戦の際の作戦計画のベースとなった。また第二次世界大戦時にヒットラーは行軍速度の高速化を目的に高速道路網を整備し、戦車を中心とする機甲部隊でフランスを攻撃している。このときもシェリーフェンプランと同様の作戦が用いられたのである。

「もしかしたら……」と信じられる目標

全体の目標、たとえば「甲子園に出場する」と決めた高校があったとする。そうなれば地方大会で優勝しなければならない。地方大会開催までには練習試合をいくつか経験し、有力校と互角の勝負ができなければならない。そうだとすると、たとえば「守備では、こんなときには確実にダブルプレーがとれる力がなければならない」というように、具体的な対応策が明らかになってくる。

だがそれだけでは十分ではない。目標を達成すれば甲子園にいけるという夢が本当になると信じられなければ、努力が続かないからだ。目標に向かって努力するうちに少しずつ進歩していき、時々は上位校との試合に勝てるようになると、初めは「そんなことはとてもおれたちには無理」と思っていた選手が、「もしかしたら、甲子園の土を踏めるかも」と思いはじめる。ここから目標達成の可能性が生まれる。だから「明確な目標」とは、「目標を達成すれば勝つことができるとチームのメンバーに信じられるもの」と言い換えることもできる。

最初から信じられなくても、次第に信じられるようになるというのでもかまわない。まずは、ダブルプレーでピンチを切り抜けた経験であり、次に、自分より強いと思われる相手に勝った経験である。要は、「勝てると信じられる状態」が徐々に整えばよく、「これができるようになれば目標に一歩近づいた」とみなが感じられるようになればよいのだ。

オープンデーの場合は、「参加者一千人」が目標のひとつだった。ただしオープンデーの参加は強制ではなく公募であり、かつ有料なので、初めのころは、本当に研修所だけの力でそれだけの人を集められると思う人は少なかった。したがって正確にいえば、初めから明確な目標だったわけではなく、参加者がふえるにつれて徐々に明確な目標へ進化したといえる。

オープンデーのもうひとつの目標は、「オープンデーファンの獲得」だった。マーケティングの理論に従えば、「あそこのラーメンはおいしいので今度、一緒に食べにいこう」と、友だちを連れてきてくれるブランドに対するロイヤリティの高いお客さんが大切である。自分が最新のマネジメント理論を勉強しようと参加するだけでなく、よいと思った講座を部下やまわりの人に勧めてくれるロイヤリティの高いお客さんをふやすには、まずオープンデーをおもしろくして、毎回きてくれるリピーターをふやさなければならない。

新規の参加者がふえることとは将来のリピーターの種がふえることであり、リピーターをふやすとは、研修所の応援団をふやすことである。どちらも勝ちにつながると信じられる目標になる。また前年より多くの参加者数を目標に定め、実際に目標が達成できれば、それは研修所自身の大会マネジメント能力が向上したことになり、さらに高い目標である

「一千人を集める」ことに向かって前進したことが明らかになる。これも「勝ちにつながる」と信じるものになる。

明確な目標は通常組織をチームに変える

通常の組織も、時にチームに変身する。チームと組織の違いは、つくられる理由にあると述べたが、通常の組織も、明確な目標を与えられることによって、変化をつくり出すチームに変身する。資材部という通常組織の事例でみてみよう。

資材部の仕事は、製造に必要な部品材料をできるだけ安く、必要な時期に入手することである。あるとき、円高が急速に進んで、受注が落ち込み、業績が悪化した。このままでは大変なので、海外からの調達をふやし、「一〇%以上のコストカット」という方針が決まったとしよう。この場合、従来どおりの方法で仕事を続けていたのでは目標は達成できない。資材部という組織を、円高を契機にしてコストカットを実現するチームに短期間に変えなければならない。一〇%のコストカットが実現できれば、競争に勝つ可能性が高まる。

購入金額全体の一〇%以上に相当する値引きを獲得するには、国内で通常獲得できる値引き額が五%とすると、不足の五%分を内外価格差のある部材に割り当て、それぞれの部材について海外からどれくらいの量を、どこから、いくらで購入したらよいかを検討すればよい。ただしこの目標の達成には全員の協力が必要になる。

主担当は、国際調達を担当する課に受け持ってもらわざるをえないが、他の部門も通常業務のほかに、関連する役割を分担してもらう。たとえば海外から購入する場合、品質や納期に心配があるので、見積もりを依頼するときの仕様の書き方、受け入れ検査の方法、契約書に織り込む内容などに留意しなければならない。買うものによって内容は異なるので、モーター、プリント基板、半導体といった部材の分野ごとに、上記のような検討を進める必要がある。英文の契約書の作成には部材分野の専門家の協力が不可欠である。

また海外からの調達がふえた分、国内からの購入は減らさなければならないが、発注量が減れば値引きも減少するのが普通である。したがって最初に設定した「国内で五％の値引き獲得」という目標は達成できないかもしれない。どこかでこの分を取り返さなければならない。海外から完成した部品を買うとすると、部品加工を依頼している周辺企業への発注を減らす必要が出てくる。これも大変な仕事である。

「一〇％の値引き獲得」という目標達成には、それぞれが自分の責任を果たすだけでなく、まわりの仕事の結果を織り込んで、最終結果を出すことが求められるのだ。そのためには、個人個人の力量を合計したもの以上の力を出すことが求められる。一〇％の値引きという目標が達成され、海外から調達の仕組みが安定すれば、この仕組みは引き継がれ、通常作業（ルーチン）となる。

チームは、前よりは腕前の上がった通常組織に戻るわけだ。要するに、チームが必要なのは、現状からの変化が求められる場合や、普段とは違う努力が求められる場合である。組織を構成しているのは人間なので、いつもがんばりっぱなしというわけにはいかない。その意味で、通常の組織は、明確な目標を与えられることにより、「時々チームに転化することがあるもの」と考えるべきである。

5 「チームワーク」は活動でつくるもの

目標が共有できれば自律的に動ける

チームをつくるのは、一人ではつくり出せない変化をつくるためであり、個人個人の力を足した以上の結果を出すことが求められると述べた。それは、いわゆるチームワーク効果といわれるものである。

チームワーク効果は、それぞれのメンバーが自律的に動かないと期待できない。そのためには、目的や目標が明確であるだけでなく、目標がメンバーの間で共有され、役割が分担されていることが必要である。目標が共有され、分担がはっきりしていれば、やるべきことがわかるので、メンバーは指示がなくても臨機応変に対応できる。「自律なきところにチームワークなし」といわれる理由がここにある。

「共有化」は便利なので頻繁に使われるが、誤解を招きやすい言葉である。目標の共有化は、口でいうほど簡単ではない。身のまわりを見渡してほしい。会社で社長が来期の方針を「業績の一〇％改善」と定め、営業部門がそのために「新製品の売り上げ一五％アップ」、経理部が「コストの一〇％削減」という目標に落とし込んだとしよう。はたして業績の一〇％改善という目標は共有化されたのだろうか。それとも目標は共有化されたが、その達成プロセスについて意見が分かれているだけなのだろうか。

このように、目標そのものには賛成であっても、目標達成のプロセスについての意見が整理できない場合、目標の共有化が行なわれないことは容易に想像できる。強要された目標や、メンバーの大部分が達成は困難であると考えている場合にも、共有化はむずかしい。売り上げを伸ばすには、広告宣伝費やキャンペーン費用をふやす必要があり、営業部門の目標と経理部門の目標のすり合わせも必要になる。

「連帯責任」と「チーム結果への関心」は別

チームのメンバーが、その目標が選ばれた理由を十分理解し、自分は何をすればよいかを確認し、さらに下位の目標や活動の手順について合意できれば、メンバーは自分の役割を果たすだけでなく、時と場合によっては自分の責任の範囲を超えて活動することが当然だと考えるようになる。チームの成果にも、自然と関心を向ける。自分の分担がうまくできなければ、チームに対し申しわけないと感じ、自分の担当部分を問題なく実行したとしても、チーム全体の成果が十分でなければ、「協力が足りなかった」「手順をすり合わせる時点でもっとよく考えるべきだった」などの反省が出てくる。そういう現象が起これば、目標は本当に共有化されたといえる。

「目標が共有化されたチームの成果に対する責任感」は、よくいわれる連帯責任や共同責任とはまったく別物で、前者には、根っこにチームをつくった目的に対する共感がある。

わかりやすい例をあげれば、「社会の人にとても役立つ」「世界初の製品開発にめどが立つ」「業績を格段に改善できる」というような、広い意味でのよいことにつながる目標なら、メンバーは貢献しようと協力するだろう。つまり「それならがんばろう」と思えれば、チームの活動の結果に対する関心も高まるのである。

「チームは連帯して結果に責任をもつべし」というのは、それが義務感や道徳観からのものではなく、共感から生まれたものでなければ、チームワーク効果はあまり望めない。共感によって目標の共有化ができれば、メンバーはチーム全体の結果に責任を感じるようになり、お互いに助け合う。チームワーク効果が発揮され、チームの目標は達成される可能性が高まり、競争に勝つ可能性が高まるのである。

チームをつくるのは、不満足な状況を改善し、競争を有利に進めたいからで、端的にいってしまえば、競争に勝つためにつくるものである。ただし問題は、その勝ち方である。競争は一回限りではないので、次につながる勝ち方でなければならない。

チームワークができあがるプロセス

チームに期待されているのは、チームのメンバー個々人の能力を合計した以上の力を出して目標を達成することであり、そのためには、お互いが助け合ったり、違う意見に触発されて新しい切り口を発見したりといった、いわゆるチームワークを発揮しなければならない。チームワークを発揮する経験ができれば、メンバーが勝ち方を知ることができたという意味で、将来につながる。

では、チームワークとは具体的にはどんなことを指すのだろうか。チームワークという言葉も、チームと同じように乱用されている。いろいろな場面で「チームワークが大切」などといわれるが、その意味合いは、場面場面で異なる。チームがめざす目標達成のためには多少の犠牲はやむをえないという場合もあるし、他のメンバーの動きをみながら自分は何をすべきかを考えてほしいという場合もある。

チームワークという言葉はすでにいろいろな形で使われているので、正確に表現することはむずかしいが、ただ単にお互いの不足を補い、助け合うというだけでない。個人個人の力を合わせた以上の力を出すために、どう自分の役割を果たすか、どんな場合に自分の役割の境界線を超えて努力しなければいけないかについての「共通認識」のことであり、さらには、他のメンバーの果たした役割や仕事の価値を公平に評価し、認める姿勢のことである。それがないと異質なものが混ざり合って化学反応を起こすような変化は起こらない。したがってメンバーに求められるのは、「自分の意見をはっきり述べ、相手の意見をよく聞き、そして相手の意見に触発された新しい自分の意見をつくる」ことになる。

しかし、そうした共通認識をつくるのは簡単ではない。チームワークは一夜にしてでき上がるようなものではない。一定の手順を経て少しずつ形成され、やがて思った以上の結果を出して、はじめてその存在が実感される。その意味で、チームワークは、個人個人の力を合計した以上の成果をあげるのに必要な仕掛けであると同時に、結果でもある。

一定の手順とは、集まった人々が一緒に仕事をする過程で、

①他の人の専門性に気づいて、互いに相手の意見に一目おくようになり

②議論の結果、よいアイデアが生まれ

③（おかげで）目標に対して前進したと実感できる「小さな勝利」を得ることができ

④チームの進む方向に自信を深め

⑤さらにむずかしいことにチャレンジする

というサイクルを繰り返すことであり、このような過程を経てチームワークは形成される。そうなれば、目標を達成しやすくなり、チームをつくった理由である解決したかった不満足な状態の改善についても望みが出てくる。競争に勝つための条件がひとつ整ったといえるのだ。チームワークは、初めからあるものでもないし、命令でできるものでもない。飲み会やレクリエーションの行事だけでき上がるような、やわなものでもない。チームワークは、活動を通してつくるものである。

求められるのは「変化への協力」

チームワークと聞くと、「犠牲」という言葉を連想してしまう人がいるかもしれない。

筆者は、アメリカにいたとき、買収した会社の新しい行動基準を検討する会議に参加したことがある。アメリカ人の副社長が、新しい会社ではチームワークを強調すべきだとして、野球の事例をあげ、「ヒーローになることばかりめざさず、チームのために走者を次の塁に送る犠牲バント（サクリファイス・バント）も気持ちよく引き受ける姿勢が大切だ」と主張した。

確かにそのとおりなのだが、サクリファイスという単語が気になったので、「チームワークが大切という意見には賛成だが、犠牲ではなく協力（cooperation）に比重がおかれたチームワークではないか」と発言したことがある。

話が横道にそれるが、しかしこれは協力ではなく、「協働」（collaboration）というべきだったと最近、教えられた。二〇〇七年のアメリカ人材マネジメント協会の年次大会で、ロンドン・ビジネススクールのL・グラトン教授が講演で次のような話をされたからだ。「組織内で人々が夢中になって仕事をし、変化を生み出している場所をホットスポットと呼ぶ。そのような場所を直接つくり出すのはむずかしいが、ふえる可能性を高めることはできる。そのために必要なもののひとつが、協力して仕事をする組織文化である。ただし、協力ということを表現するのにアメリカとイギリスでは単語が異なる。アメリカでは、コーポレーションには協力せよという感じがあるので、コラボレーションのほうが好まれるが、イギリスではコラボレーションには共同作業の意味合いが強いので、コーポレーションのほうが好まれる」

ともあれチームワークはチームのために犠牲を払うことという解釈では、「自分の役割」の理解がごく小さいものになってしまうし、新しいアイデアを生む役割もみえにくくなる。やはり「チームのために協力する」であろう。協力であれば、「新しいアイデアを生むための相互作用」といった感じになる。

チームワークとは、目標達成のためにメンバーが協力することだと述べたが、しかしこれでもまだ説明が十分でない。気持ちの上では、「一人はみんなのために、みんなは一人のために」といった表現がぴったりくるのだが、それでは少し美しすぎて、現在の職場の状況には使いにくい。

異なる価値観をもつメンバーに敬意を払う

協力関係の第一歩は、「前工程・後工程を考えて仕事をする」ことであり、さらに進めば「チーム全体の動きをみて役割を考える」となる。より本格的には、「チーム目標を達成するためには何をすべきかを考えて行動する」となる。当然、仲間を手助けするという選択もあるし、自分でやってしまう選択もある。時には仲間が困っていても、将来を考えて手助けしないこともありえる。要は、チームをつくった理由、すなわち必要な変化をつくり出すことへの貢献が必要なので、単に仲間の手助けをすることではない。

多くの場合、チームはいろいろな専門性をもった人が問題解決のために集められるところからはじまる。問題解決のために集められた人がもつ専門性が、それぞれ役に立つと考えられたからだ。だが複雑な問題の場合、目標の共有化には、前にも述べたように手順のすり合わせが必要であり、すぐにも会社が倒産しそうだといった危機的状況にある場合を別にして、簡単には成立しない。営業や経理、製造部門といったそれぞれが代表する専門分野の利害が対立することが多いからだ。専門分野の利害を超えて問題解決に邁進するためには、より高い立場で考える必要がある。専門が異なることから生まれる価値観の違いを認め合うことができるかどうかである。

「営業のいうことはもっともだ。そのことに経理部門としてどう対応できるか考えよう」

「経理のいうことにも一理ある。営業としてどうしたらよいか検討してみよう」

こうした考え方ができれば、問題解決の筋道に乗っているといってよい。変化をつくることに協力するとは、別な言葉でいえば、メンバーのもつ異なる価値観に敬意を払うことでもある。

6

人を育てなければチームの意味がない

将来獲得する能力も含めて闘う

企業にとって人を育てる能力が従来以上に重要になってきた理由は、競争の仕方が変化したためだ。その背景には戦略論の考え方の変化がある。

戦略は、達成するのがむずかしく、達成までに時間がかかるテーマに取り組むとき必要になる。通常、戦略を策定する手順は、達成したい目標があって、そのために必要な技術や資金、人材を集め、実行計画を定める。ところが、変化の激しい時代には、計画どおり物事が進むことはまれで、技術や人材、資金など戦略の実行計画とその手段は、たびたび修正をよぎなくされる。そのため、そもそも事前にすべてを計画することはできない。それよりは、自分がもっている強み（技術や人材、経験を総合したもの）を前提に、目標を決めるほうがよいという考え方が生まれた。

また、競争に勝つには競争力を差別化し、競争力の優位性を維持することが重要である。そのためには、他の人に簡単にまねのできないものがなければならない。その点、これまでの経験から自分で学んだことは、他の人には簡単にまねはできないので、この条件にぴったりする。学んだことは、技術や人材、企業文化に蓄積されてきているので、これらを前提に戦略を考えたほうがよいとも考えるようになった。

この考え方はやがて、いまある能力だけで闘うのではなく、将来獲得する能力も前提として闘う、に進化した。ダイナミック・ケイパビリティ戦略がそれだ。戦略を実現する能力は、人材や技術、組織のつくり方などに蓄積されているはずだが、それは動的なもの、すなわち変化するもので、何もしなければ時間とともに衰えるが努力をすれば強くなるという性質をもつものだと強く認識する考え方である。

不足する能力は、アウトソーシング（外部への業務の委託など）やM&A（他企業との提携、合併、買収など）で入手すればよい。しかしそれは競争相手も実行できるので、決定的手段ではない。それに対し、自分で開発した技術や育てた人材、あるいは経験を通して学んだノウハウなら、簡単にはまねすることはできない。ここに、従来以上に人を育てる能力の重要性が認識されるようになった理由がある。

繰り返し述べているように、チームをつくるのは、変化をつくり出すためで、変化が必要な理由は、多くの場合、現状にとどまっていては、競争に勝てないからである。勝つために、個人個人の力を合わせた以上の成果が求められる。

「学習」がなければチームとは呼べない

チームとして活動した結果、予想した以上の成果をあげたとしよう。しかし、それだけでは、競争に勝つことはできない。現代の競争は、一回限りの競争ではなく、長く続く競争で、トップランナーはしばしば交代する。勝ちパターンが定まらないのだ。また世界中がひとつの市場になる傾向が強くなるにつれて、次々と新たな競争相手が現われる。したがって一回勝っただけでは、勝ちにならない。「五勝三敗」であれば上出来で、ようやく戦場にとどまることができるか、新たに現われた競争相手と闘えるといった程度である。

一回勝ったとしても、自分に勝つ理由があったのか、それとも相手が失敗したので勝てたのか、その理由が自分でわからなければ、次につながらない。前者の場合は、勝ちにつながった要因をさらに磨く必要があり、後者は相手が失敗しない場合に備えて、改めて勝つ要因をみつけなければならない。いずれにしろ現状をよく分析し、勝った理由・負けた理由が次に引き継がれないと五勝三敗はむずかしい。

チームが予想以上の成果をあげても、競争相手がそれ以上の結果を出してしまえば、負けである。負けた理由が引き継がれれば、対策がとれるので、次は勝てるかもしれない。チームは一定の期間を定めてつくられるので、期限がくれば解散するが、勝っても負けても、チームの活動の結果は引き継がれなければならない。つまり経験から学習することが何よりも大切なのだ。

筆者が学んだ高校は、甲子園で優勝したという経歴をもつ。それも初出場であった。このとき野球部長だった物理の先生の話では、神奈川県大会の一、二回戦ころのチームと、決勝戦のときのチームは別人のようであり、甲子園にいってからも選手の技術は向上し続けたそうだ。経験から学んだのである。実際、一、二回戦のころはうまくできなかったヒットエンドランもダブルプレーも、回が進むにつれて上手にできるようになった。もともと、一、二塁間に転がすのは（振り遅れるので？）得意だったからだ。これに味をしめてたびたび試みた結果、相手校は「足を使ってくる」と神経質になり警戒するので、戦いやすくなったという。また、投手が真ん中低めに緩いカーブを投げて（もともと球は速くなかった？）内野ゴロを打たせることを覚えたので、ダブルプレーをとれるようになった。おかげでランナーを出してもバタバタしなくなった。頭脳的プレーと新聞に書かれたが、野球部長だった先生の感想は、「どうも、違うな。いつもサッカー部やラクビー部と運動場を分け合って練習しなければいけなかったが、大会ともなると広いところで野球ができるので、うれしくてしょうがなかったのではないか」という意見だった。

活動の成果より大切な「学習の量と伝承」

学習とは、「刺激に反応して行動様式が変わること」である。チームの活動という刺激の結果、チーム内外の人の行動様式が変われば、学習が起こったことになる。たとえばチームの活動の結果、不良の原因がわかり、その後、作業方法が変更されれば学習が起きたことであり、対策が実行に移されなければ学習は起こらなかったことになる。

仮にチームの活動の結果、個々人の力量を合計した以上の結果が得られなかったとしても、目標が低すぎたとか、作業手順に合意のないまま動き出してしまったとか、失敗の理由が明確に把握でき、次回に改善ができれば、チームをつくって活動したことは無駄にはならない。失敗という刺激により（次回の行動様式である）問題への取り組み方を変える学習が起こるからだ。

勝つためにはどうするかという視点から考えた場合、長い目でみれば、チームの勝ち負けの回数よりも学習の量のほうが重要である。活動を通して発見した事実や得られた教訓のなかに、将来の競争に勝つために大切な事柄が含まれているからだ。

一回限りでない競争に勝つためには、チームが学習したことがメンバー以外の人にも伝達される必要がある。しかし、このことは案外むずかしい。報告書をつくっても関係者以外の人は読まないからだ。ただし通常の組織の場合と、一時的につくられた組織の場合では、むずかしさのタイプが異なる。

通常組織の場合、目標は継続的に追求されなければならない。資材部門であれば、品質のよい部品を安く入手するという目標は、今月だけ達成すればよいわけではない。目標が達成されたかどうかは、そういう能力を継続的に発揮できるかどうかによって判定される。そのため繰り返し起こる事柄に、一貫性のある態度で臨む必要がある。部品を採用するかどうか判断する基準が、担当者が変わるたびに異なるようでは、部品を提供するほうは困る。それゆえどうしても姿勢が保守的にならざるをえない。新しい考え方や新しいプロセスを取り入れるのは得意ではなく、そのため刺激に乏しく、学習は起こりにくい。しかし一度、組織をゆるがすような問題が発生すれば、危機意識が共有化され、対策チームをつくって活動した結果が組織全体に伝達され、仕事のプロセスに反映される。記録も残される。組織として学習が行なわれるのだ。恒常的な組織の利点である。

これに対して、プロジェクトチームのような一時的組織の場合は、特定の目的のために結成され、その目的を達成することに勢力が集中されるので、新しい考え方やプロセスを取り入れることには抵抗が少ない。刺激はたくさんあり、メンバーには学習は起こりやすいが、メンバーの出身母体がメンバー同様の危機意識をもつことは特別の場合以外は望めない。また目的が達成されれば組織は解散してしまうので、その経験は引き継がれにくい。学習はプロジェクトに参加した人には起こっても、まわりの人には起こりにくい。

この点を補うためには、チームを組織した人がチームをつくった理由を積極的にPRすることである。またチーム自身も、活動の状況を随時報告することにより、人々の関心を引きつける必要がある。チームも、報告書の作成で活動を終わりとするのでなく、活動の結果を教育プログラムやトレーニング方法にまで落とし込む努力がいる。学習したことを無駄にしていては、長く続く競争には勝ちにくいのだ。

人が育つとはどういうことか

チームが目標を達成しただけでは、成果は不十分である。競争に勝つためには、学習の場合と同様に、人材の育成が不可欠である。長い目でみれば、成果よりもメンバーがどれくらい成長することができたかが重要である。仮に、チームが立てた目標の達成に失敗したとしても、人が育てば失った時間や費用も無駄ではなくなる。

「人が育つ」とは、自分で判断し行動できる範囲が広がることだが、人が育つには三つの力が必要である。「育てる力」「育つ場」「育つ気持ち」である。育てる力とは、教育プログラム、上司の指導、同僚のアドバイスなど、育つのを手助けしてくれるものである。「育つ場」は仕事、家庭、地域社会など成長に役立つ経験ができる場所である。広く社会全体、会社、学校などが提供するものだが、家族や趣味など個人が自分でつくれる「場」もある。「育つ気持ち」は、成長したい、成長しようと思う意志で、これがなければ成長はありえない。よく、「馬を水辺につれていっても喉が渇いていなければ水を飲まない」と表現されるが、育てる力があり、育つ場が準備されていても、本人がその気にならなければ、成長はない。その意味で、「気持ち」は成長にもっとも必要なものである。

チームはこの三つを同時に提供してくれる。育てる力としては、チームの仲間から教わる機会は多く、いろいろ経験できる場も準備される。何よりもプロとして参考になる人がまわりにいるので、よいロールモデルとなり、育つ気持ちを引き出してくれる。だからあまり心配しなくてもよい。

チームの活動がうまくいけば、人は育つのが普通だからだ。チームをつくった理由をよく理解でき、自分が何をすればよいかがすぐわかるくらい明確で、かつ自分の役割についてだけでなくチームの活動の結果に責任を感じるようであれば当然、人はがんばる。まわりには異なる分野の専門家がいるので、違った考え方に触れ、刺激も受ける。成長できるのが当然となる。あとはチームの活動を上手に行なうことに注力すればよいことになる。注意しなければいけないのは、チームのだれもが成長するわけではないという点だ。いろいろと経験することをおもしろがらない人は成長しない。

専門性、自分らしさ、自律性の三つが必要

人が育つとは、自分で判断し行動できる範囲が広がることである。仕事では、専門性が高まるにつれ、できることがふえてくる。自分の分担だけでなく、前工程や後工程の仕事の内容がわかれば、自分は何をすべきかが明確になってくる。チーム全体の目標が理解できれば、自分の専門性をどう活用すればよいかがわかる。しかし専門性は、専門分野の知識を習得し経験を積めば伸びるかというと、それほど単純ではない。初級レベルであれば経験を積むことで十分だが、中級以上になれば、その他の要素が加わらないと専門性を伸ばすことはむずかしい。

専門性を高めるには、知識の習得に継続的に努める必要があるが、その専門分野が「自分に合っている」「好きだ」という感覚がどこかで生まれないと努力は続かない。努力は、自分らしいことであれば楽しいが、そうでないと苦痛になる。また専門性を高めるには、学習の方法を自分で工夫したり、学習したことを適用する場面を上手に選択したりする自律性も必要である。

実は、「専門性」「自分らしさ」「自律性」の三つは相互に関係が深く、どれかひとつが不足しても人はうまく育つことができない。詳しくは「キャリア戦略――プロ人材に自分で育つ方法 組織内一人親方のすすめ」（経団連出版）に書いたので関心のある人は読んでほしいのだが、たとえば初級レベルのうちは、専門性は習っている最中で、まず仕事を一人前にできるようになることが目標である。自分らしさを発揮する余地はほとんどない。しかし自律性の基本である自己管理は大いに必要である。初級レベルを卒業し、ある程度、専門分野についての理解が深まると、自分で判断できることと、できないことの区別がつくようになる。その結果、他の人の協力を求めたり、他の人を手伝ったりできるようになる。こういう協力関係を通じて、自分が得意な部分とそうでない部分の区別ができてきて、自分らしさが少しずつわかるようになる。また他人との折衝は、自分らしさという要素を構成するもうひとつの分野である社会性、すなわちまわりの人の感情や心の動きを理解する能力を訓練する。周囲の人との関係がよくなれば、他の人に与える影響の範囲が広がり、自律的に動ける範囲も広がる。

自分自身の感情や心の動きがわかるだけでは、できることは限られるが、専門性が高まり、他の人の気持ちに共感できる能力が育ち、まわりの人との関係性も管理できるようになれば、人を使って仕事ができるようになる。このように人が育つとは、専門性、自分らしさ、自律性の三要素がそれぞれ育ち、前に比べて自分で判断し行動できる範囲が広がることである。

チーム活動がうまくいった場合は、活動を通してメンバーが成長することが多い。無理やり結果を出したような場合は、結果もそれほどでなく、メンバーにも成長はみられない。このことは人の成長と仕事が強く結びついていることを示している。

期待、努力、成長のプロセスで人は育つ

人は、少しむずかしい役割を果たすことを求められたときにがんばり、その結果、成長する。弟や妹ができたとき、「お兄ちゃんなのだから」「お姉ちゃんになったのだから」といわれてがんばったという人もいるはずだ。小学生、中学生、高校生になったときも、それぞれ期待される役割にふさわしくなるよう努力した結果、それらしくなったのである。

会社のポストも同様で、はじめて部下をもったとき、課長になったとき、部長になったとき、人はそのポストにふさわしい役割を果たすよう努力する。その結果、それぞれの力がついてくる。課長になる前から課長の実力がある人はまれで、多くは課長になってから課長の実力をつけるのだ。仕事が人を育てるとは、「期待」によって人が「努力」し、「努力」が「成長」を生むプロセスをいうのである。

期待、努力、成長というプロセスは、仕事のときにだけ成立するわけではない。だが、仕事が人を育てるのにとりわけ有効なのは、結果が求められるからである。特にチームの場合は時間を限って特定の目的の達成が求められるので努力せざるをえず、人が育つ。実際の現場では、がんばれば達成できそうな、少しむずかしい仕事が都合よく回ってくることはなかなか起こりにくい。新人は新人なりに、ベテランはベテランなりに、少しむずかしい仕事ができる機会のあるプロジェクトチームのメンバーに起用することがよくみられる。それゆえ育てたい人材をプロジェクトチームのメンバーに起用することがよくみられる。こういう場合、チームの活動の目的を達成することも大切だが、人が育ったかどうかが重要である。プロジェクトのリーダーは、メンバーがそれぞれ成長できるよう仕事を割り当てなければならないので、責任が重くなり大変だが、時には相反するかもしれない二つの目標、チームをつくった目的と人の育成が同時に達成できれば、リーダー自身も大いに成長する。

II

どうすれば
本格的な
チームが
つくれるか

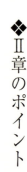

❖Ⅱ章のポイント

チームは、一人では解決するのはむずかしい、複雑な問題を解決するためにつくられる。それは、人も育てられる本格的なチームでなければならないが、当然のことながら簡単にはつくれない。そこでⅡ章では、本格的なチームをつくるための基本について考える。

❶チームができ上がるまでの流れ

チームは、立ち上げ、混乱、平常化の三つの局面を経てでき上がる。もっとも重要なのは混乱期で、このフェーズを経過しないと本格的チームはでき上がらない。

❷どのようにメンバーを集めたらよいか

メンバーの集め方は多様性と異質性がカギである。異なる意見のぶつかり合いが、問題解決の新しい切り口を生むからだ。そのためには、メンバーは自由に自分の意見を発言できる自律的プロ人材でなければならない。メンバーを広く集めることがむずかしい場合は、経験や仕事の仕方の違いに着目する。メンバーの先輩の経験も活用すべきである。

❸どのように目標を設定したらよいか

本格的チームにはわくわく度の高い目標が必要である。それは、遠くの丘の上の旗のように進むべき方向を示すとともに、「できたらいいな」とみなが思えるものがよい。また、達成後のうれしい姿が具体的にイメージできるものである。日々のやり方や取り組みの結果が、目標に照らしてふさわしいものだったかを点検する作業も忘れてはならない。

❹どのようにチームを運営したらよいか

変化をつくり出すには、「現状への不満」「変えた後の姿」「変える手順」の三つの条件が必要であり、これらについての合意が形成されていないとうまく動かない。不満な現状と変えた後の姿を繰り返し比較検討することにより、具体的な手順は徐々にみえてくる。

❺行動ルールを設定する

もうひとつ大切なのは、新しい発想を生みやすくするルールを定めることである。「活動をつまらなくしないためのルール」「メンバーは資格や地位にかかわらず一票の議決権をもつ」「どうして、だから、それなら、という単語が飛び交う場が望ましい」など。議論は「抽象の階段を揃えて行なうべし」といったガイドラインも必要である。

❻活動は、「活動の結果、わかったことをベースに随時軌道修正を行なう」を基本とする

予測がむずかしい今日、あらかじめすべてを決めておくのは困難である。「狙ってから撃つ」のではなく「撃ってから狙う」方式の戦略が適している。それゆえ、役割分担も変更ありが原則である。また、複雑性が高い場合、リーダーの役割も場面によって変わらなければならない。求められるリーダーシップも一つではない。

7

三つの局面を経てチームはでき上がる

変化を生み出すために、いろいろな分野の専門家を集めてチームという名の集団をつくったとしても、それだけでは本当のチームとはならない。チームができ上がるには一定の局面を経過するのが普通だ。

「タックマンモデル」が示唆するもの

チームができ上がるプロセスについては、「タックマンモデル」と呼ばれる古典的な研究がある（Tuckman, Bruce W, "Developmental Sequence in Small Groups", 1965）。このモデルによれば、チームが本当に機能しはじめるには、「立ち上げ期」（forming）、「混乱期」（storming）、「平常化期」（norming）という三つのステージを経過する必要がある。

①立ち上げ期

人々が一定の目的のために集められ、チームが編成されたばかりで、まだ役割分担がはっきりせず、目的を達成するための方法や手順については各人がそれぞれのアイデアやイメージをもっている局面。気持ちの上では、インストラクターやチームを編成した事務局の意見に寄りかかりがちで、多くの人がチームのメンバーとはうまくやりたいと思っているので、意見は控えめにしかいわない。メンバーのことをまだ詳しくは知らないので、メンバーがどんな人かを外見や職務、職位などから判断しがちである。

②混乱期

役割分担がはっきりしはじめ、チームのトップなど主要な役職が決まりはじめるが、チーム内でのお互いの位置づけなどについてもやもやした空気がただよい、目標達成のためのプロセスについて意見の対立が目立ちはじめる。メンバー同士が知り合いになれた結果、異なる意見をいうことを少しずつ、遠慮しなくなる。またチームが編成された目的について理想的なことや壮大な構想を抱いていた向きは、チームの方向づけが明らかになるにつれて失望したり、活動意欲を失ったりする。チーム全体の活動は、空回りしていてあまり進展がみられない。お互いに助け合うという姿勢はまだ不十分である。

③平常化期

対立が少しずつ収まり、緊張関係がゆるんで、チームらしくなる。チーム活動も進みはじめる。だれが、どのようなときにリーダーシップをとるかというルールも決まってくる。しかしまだ議論が蒸し返されたりして、また元の混乱期に戻る危険性が十分にある。

この後、順調にいけば、本当にチームが機能しはじめる「活動期」（performing）がくる。

タックマンモデルは現在でも十分納得できるものである。以下では、筆者がコロンビア大学ビジネススクールのシニアエグゼクティブ・プログラム（Columbia Senior Executive Program：CSEP）に参加したときの体験をベースにして、この三つの局面についてみてみよう。

ＣＳＥＰは、企業などの経営幹部を対象にした研修で、世界中から集まった、異なる文化的、職業的背景をもつ人々を七～八人の学習グループに分け、四週間にわたって合宿生活を送る形で進められる。そのため、チームができていく過程を原型に近い形で観察でき、チームビルディングには何が大切かを知る上で、ちょうどよい事例を提供してくれる。

「立ち上げ期」は同床異夢が普通

ＣＳＥＰでは、ラーニングチームと呼ぶ七～八人の学習グループをつくり、期間中にいろいろな共同作業に取り組む。これは、何かを本当に学ぶためには、「安定した気持ちのよい状態」（コンフォート・ゾーン）から抜け出して、「不安定な心理状態や苦痛を感じる場」（ストレッチド・ゾーン）に身をおかなければならないという考えによるもので、いろいろなリスクや困難に挑戦するようプログラムが設計されている。ストレッチが強すぎてパニックを起こしてはいけないのでぎりぎりのところで止めるが、そこまでは参加者をプッシュするので、お互い助け合って勉強に励んでほしいというのが、ラーニングチームをつくる理由のひとつである。

チームは、国籍や性別、職業が多様になるようにあらかじめ事務局によって決められている。プログラムに参加する目的もいろいろで、多くの人は会社などでさらに上位の地位をめざすためのワンステップと考えているが、具体的な目標は人によって異なる。

アメリカ海軍は毎年五人派遣しているが、参加者の一人である元原子力潜水艦艦長によれば、コロンビアのこのコースに参加した人から将官以上が生まれるケースが多いとのこと。彼は、「期待されているのだと考え、ここでマネジメントとリーダーシップについての理解を深めて帰りたい」と話していた。もう一人の軍人はロジスティック担当で、「仕事の効率向上が使命なので、できるだけ民間の人の考え方に触れたい」という。ボーイング社も毎年五~六人のメンバーを送り込んでくるが、世界中の人材と議論ができるようにすることが狙いのようで、筆者と同じチームになった人は、「異なる文化的背景をもつ人とのネットワーク構築が目標」といっていた。

筆者の場合は当時、CSEPがフィナンシャル・タイムズの世界ビジネススクール・ランキングで一位を占めていたので、「世界のトップクラスの経営幹部教育とはどんなものか。CEOをめざして出世の階段を駆け上がっている人とはどんな人なのかみてみたい」と思っていた。

参加者の多くにとって、学習グループというチームをつくって勉強をする意味が最初はあまりよくわからなかったと思う。私も「わからないところを教え合う」程度にしか理解していなかったが、それはとんでもない間違いだった。ともあれこのように、チームは最初は、同床異夢であることが多い。

「混乱期」にはケンカも起こる

CSEPのカリキュラムの最初の部分は、チーム内がもめそうなプロジェクトが並んでいた。チームで与えられた課題に取り組むのだが、チームの運営方法はメンバーで決めなければならない。ところが議論をはじめると、メンバーはみな所属する組織では会議を仕切るような立場の人ばかりなので当然、自分がリーダーだという姿勢が出て、問題を引き起こす。

「いいか、この問題のポイントはここだから、こういう切り口で整理すべきだ」とだれかがいいながら黒板に書きはじめると、「おいおい、だれがきみを議長と決めたのだ」という声があがるというふうになる。

議論の進め方には、それぞれの文化の違いも加わるので、話がますますややこしくなる。日本人の場合、まず問題点を整理して対策を考えるというように、具体的なことから考えて一般解を導く帰納法的な議論の進め方をするのが普通だが、めざすべき方向という大きな絵のほうから考えて、その実現のためにはどうすべきかと具体策を考える演繹的な議論の進め方をする人も多い。このため議論がなかなか前に進まないのでいらいらして、態度が悪くなる。

発言したのに、その内容が板書されないこともある。書く人が勝手に価値判断してしまうのだ。苦情をいうと、「あまり重要な意見ではないので書く必要がない」などと平気で答える。

プロジェクトの終了後、お互いの貢献度を五段階で評価し合うが、これがまたトラブルの原因だ。私は、デンマークからきた人に二点の評価をつけられ、次のようなやりとりとなった。

「セキジマはプアーな英語でみんなの議論の足を引っぱった」

「冗談いうな。お前がわからないだけだ。お前のデンマークなまりの英語のほうがひどい。アメリカ人のもイギリス人のもフランス人のも、おれにはよくわかるぞ」

ケンカが起こらないほうが不思議だ。そのうち、「こんなラーニングチームは意味がない」と参加を拒むメンバーも出てきた。

長くCSEPのプログラムディレクターをされたビーチラー教授に二年後、この狙いについて尋ねる機会があった。教授によると、例年、深刻なケンカにまで発展するケースは一、二件。なかには四週間コースのまだ二日しかたっていないときに、怒って帰国してしまったケースもあるとのこと。しかしこの時期を乗り越えないと本当のチームはでき上がらないので、あえてケンカが起こるようなカリキュラムにしているそうだ。

「平常化期」になれば三役が決まる

混乱期は、時間の経過とともに収まってくる。いつまでも対立を続けるわけにもいかないからだ。これまでの議論を通して、次第にチームをつくった理由やめざす目標についての理解が深まり、目標の共有化ができてくる。

CSEPの場合も時間の経過とともに、教室内での発言などから、各人の得意分野が明らかになってくるので棲み分けが起こり、「このテーマはあいつに仕切らせよう」となる。

みんなに一度はリーダーの役割が回るようにしようといった配慮も生まれてくる。そうなれば平常化期に移行したことになる。

だいぶ仲よくなってからだが、お互いよく知らない人が集まって議論をするとき、日本ではどのようにして役割分担が決まるのかと質問された。

「一番年長者が議長、一番若い人が書記。議長の役目はみなに公平に意見をいうチャンスを与えること。決定は多数決。日本はいたずらなケンカが起こらず便利だ」と答えた。

チームが円滑に動き出すまでに苦い思いをたくさんしたので、メンバーからは「日本式は簡単でいいなあ」という反応があったが、しかし本当のチームをつくるという点からは、混乱期を乗り越える経験をもたせるコロンビア方式のほうが本筋のように思う。日本式は混乱が起こることを嫌い、結果的にチームの形成を先送りしてしまう。そのため、課題の解決にはすばやく取りかかることができるが、本当のチームができるまでに時間がかかる。日本のようになあなあでは本格的なチームはできないのだ。

平常化期の特徴は、役割分担が決まってくるところにある。どういう組織でも役割分担はあるものだが、個人の力を合計した以上の力を出そうとすると、次の三つの区分が必要になる。「村長」「助役」「収入役」の三役である。

村長とは、組織を代表する人で、全体の意見を取りまとめる人。助役は、国でいえば官房長官で、村長を助け、組織内外との調整にあたる人。収入役はお金の面倒をみる人。お金の面倒をみるとは、お金という物差しを使って組織の状況を把握することだが、別な表現をすれば、組織の活動状況を観察し、結果を評価し、適宜、報告することで、収入役とは、組織の進行係を務める人、あるいは活動の結果を記録する人のことになる。ちなみにこの三役は英語では、president, secretary, treasurer と表現され、会社組織の場合はオフィサーとして組織を代表して書類にサインをする権限が与えられることが多い。

組織の大小、組織をつくった目的や目標にかかわらず、職務の呼び方が変わることがあってもこの三つの役割、すなわち「意見の取りまとめ」「内外との折衝」「結果の管理」をだれかが分担しないと組織はうまく動かない。私的な集まりでも、よく観察するとこの三つの役割をだれかが果たしていることに気づく。あるときはまとめ役、あるときは進行係といったように、一人の人が時に応じていろいろな役割を受け持つことが普通だが、やはり役割分担は存在する。活性化されたチームでも、メンバーがそれぞれの専門性に応じて、時と場合により、取りまとめる人になったり、取りまとめる人を支援する人になったりと柔軟に役割を交代する現象がみられることがよく知られている。

ＣＳＥＰの場合、いろいろなテーマを討議したが、メンバーの間でいつの間にかできたルールは、「テーマごとに議長役を決める」ということで、議長の役割はあちこちに飛び跳ねる議論を「それもひとつの見方だが、少し本論からはずれている」といって、一定の範囲内に押し戻すことだった。

もうひとつは時計係をおくことで、これは忙しいので、たくさんの宿題や予習や行事の打ち合わせを効率的に進める必要があったからだ。結論を早く出そうとすると、議論に後戻りが起こり、かえって結論が出るのが遅くなってしまうので、どちらの役もなかなかむずかしい。

ただし「この問題にはこれだけ切り口があるが、われわれはこの切り口で取り組むのがよいのでは？」と、みんなが賛成できる提案をする人が出る場合は、結論が出るのが早い。いつもそういう人が出るわけではないので苦労したが、プログラムの後半には、他のチームとの議論に勝てそうなうまい切り口をみつけ出すことにまず努力するという習慣がメンバーの間にできて、活動は円滑になった。この役割が先の三役でいえば助役、あるいは官房長官の仕事であろう。

チーム活動を安定させるためには、村長、助役、収入役の三役が必要なのである。

8

メンバー集めは多様性と異質性がカギ

本格的なチームをつくるには、チームのメンバーの集め方にも工夫がいる。チームのメンバーは、目的達成に必要と思われる知識や専門性をもった人材が集められる。これは製品をつくるとき、必要な部品を集めなければならないのと同じことである。しかし知識や専門スキルをもった人を集めるというだけでは、チームをつくる目的は達成できない。お互いに足りない部分を補完し合うだけでなく、お互いに触発し合う関係が生まれなければ、個々人の力を足した以上の成果を出すことはできないからだ。

多様性と異質性はアイデアの源泉

何よりも必要なのは、多様性と異質性である。多様性と異質性は、新しいアイデアの源泉である。それは、ちょうど酸素と水素が反応を起こして水という新たな物質ができるように、異なる意見がぶつかることによって、新たなアイデアが生まれる可能性が高まるので、違う意見であることが大切なのだ。

多様性、異質性が求められるのは、知識や専門スキルについてだけではない。メンバーの性格や気質も大切である。理想や夢などの大きな絵を語ることが得意だが、細部を積み上げていくことは上手ではないリーダーのもとには、実務に詳しいスタッフをつけることが望ましい。細かいことまで指示しがちの人がリーダーの場合には、実務部隊が自由に腕を振るえるよう、リーダーと実務部隊の間でクッションの役割を果たす人が必要になる。チームメンバーを人選する際にはこのように、チームの運営が円滑に行なえるよう人間性についての配慮も必要になる。

さらに、チームをつくるには、多様で異質な人材を集めるというだけでは十分でない。メンバー一人ひとりが高い専門性をもち、自分の意見を自分の言葉で述べることができなければ、互いに触発し合う関係は生まれない。いわゆる自律型プロ人材が必要になる。

自律型プロ人材とは、組織内にあって、専門性を自分でマネジメントする人のことで、自分の役割とチーム全体の役割、自分の責任とチームの責任など、自分とチームのそれぞれの関係を理解し、行動できる人である。それゆえどういうときに自分の役割を超えて行動すべきかを理解している。筆者は、この自律型プロ人材を一人の専門家であると同時に経営者としての能力も発揮するという意味で「一人親方」と呼んでいる。

一人親方とは、自分でひとかたまりの仕事を仕切れる人のことで、ちょうど個人商店を営むような人を指す。音楽家や建築家などのアーティストも一人親方である。大リーグの松井選手やイチロー選手もこの範疇に属する。

そのような一人親方がメンバーであれば、別の専門からみた他の人の意見についても、「なるほど」「それなら」と反応し、自分の意見を再構築できる。「意見の表明→他の人の意見の傾聴→自分の意見の再構築→新しい意見の表明」といったボールの投げ合いを続けるうちに、まさに新しいアイデアも生まれてくる。

一般常識では、日本人はチームワークにすぐれているといわれるが、実際は、そうではない。チームワークがよいのは、身内同士の助け合い関係のときで、新しいことを生み出す場合のチームワークの発揮は得意ではない。自律性が高い一人親方でないと、別な意見の表明を批評ではなく批判と受け取られることが多く、それをおそれて、意見のぶつけ合いを回避してしまう。これでは新しいものは生まれにくい。自分の意見をはっきりといい、相手の意見を普通に受け止められるには、専門性に裏打ちされた自信がなければならない。自律型プロ人材、すなわち一人親方がメンバーに必要な理由である。

図表1のマネジメント対象からみた「一人親方度」を参考にしてほしい。

図表1　**マネジメントする対象からみた一人親方度**

レベル1

自分：
○自分の仕事および前後の工程の理解
○チームの一員

↓

レベル2

自分と他人：
○チームに貢献
○チームの目標の理解
○他人を応援･指導できる専門性
○共鳴させる力や紛争を調整する能力
（社会性と関係性管理）

↓

レベル3

自分と他人と専門分野あるいはビジネス：
○専門性によりビジネスに貢献したり他部門を応援できる
○他部門を動かす影響力
○人材育成組織内の政治力やネットワークの理解
○自律性･自分らしさが失われるようであれば組織を離れる覚悟あり

↓

レベル4

組織改革や企業文化：
○技術・ビジネス・社会の進むべき方向が洞察できる専門性
○自律性はリーダーシップに
○自分の価値観を社会で実現
○組織をつくる

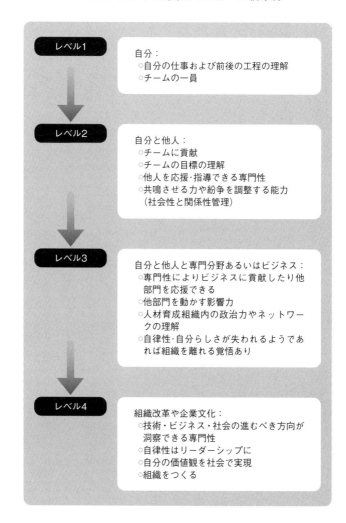

一人親方にもいろいろなレベルがある。チームのメンバーになるには、自分をマネジメントできるレベル、専門家としてひとかたまりの仕事を任せられるレベルになければならない。他人の足手まといにならないことが最低限必要である。その上は、他人のマネジメントもできるレベルで、自分の専門分野であれば人を指導でき、自分の専門性を使って他の分野の専門家にアドバイスできるレベルである。さらにその上になれば、自分と他人だけでなく、ビジネスや特定の専門分野をマネジメントできる水準となる。

どのレベルの一人親方をどれくらい集めるかは、チームの目標によって異なり、すべてのメンバーが一人親方でなければならないわけではないが、できるだけ一人親方的傾向をもつ人材を集めることが望ましい。ただし「指導奨励」(この言葉は昔、よく使われた。指導奨励と称して先輩にゴルフやマージャン、飲み会、そして数々の雑用に、勉強会や委員会に引っ張り出された。筆者が今日あるのはこのおかげである)、または訓練の目的でメンバーに送り込まれる新人は、あてはまらない。

異質な意見は課題そのものを問い直す

多様で異質な人材という場合、専門が異なったり職務経験が異なったりすれば、考える視点が異なるので、出てくるアイデアも多様になると考えがちだが、実際はそうではない。同じ会社の人ばかりだと考え方が似てきてしまうし、同じような経験をしていると、「そのアイデアは前にも試みたがうまくいかなかった」などと、同じような結論を出しがちである。経験が邪魔をするのだ。こういう状況を避けるには、単に多様な背景をもつメンバーを集めるだけでなく、異質な思考パターンをもつメンバーも入れなければならない。エンジニアばかりのチームに事務系の人を入れるとか、日本人ばかりのチームに外国人を入れるなどは、よく採用される方法である。

実は、異質な意見が大切なのは、単にそれがアイデアの新しい切り口を提案し、他のメンバーの思考を刺激するからだけではない。異質な意見は時に、問題解決のために考えた設問そのものが正しいのかという疑問を生むからである。

たとえばある製品に使われている半導体の歩留まりが上がらず、必要な量の確保ができないだけでなく、コスト的にも問題があるので半導体の設計者、製造工程のプロセスエンジニア、生産設備の技術者などが集められて対策チームが設けられたとしよう。この場合、歩留まりが上がらない問題点から出発して、どこの工程が障害になっているか、その原因は材料にあるのか半導体の構造にあるのかなどと検討が進められる。しかしそこに、異質な思考、もっと大きな絵のほうから考えるようなメンバーがいれば、次のような議論の立て方をする。

・検討の対象としている製品は、ビジネス上どのような位置を占めているのか
・競争相手が出している製品との価格差はどうか
・自社製の半導体を使うことが長期的にみて競争に勝つ上で必要なことなのか
・そもそも自社で半導体をつくることはどういう意味があるのか

「歩留まりが上がらないから（技術的に）どうするか」という設問自身が正しいのか、他にやるべきことはないのかという疑問である。本質論から考えて、方向が正しければ歩留まり向上に全力をあげる。そうでなければ他社の半導体を使えるよう製品の設計変更をするといった選択肢が視界に入ってくることになる。

何かをしてその結果があり、結果から考えてやり方を修正するという学習の仕方を「シングルループ型学習」（single loop learning）という。これに対して、何かをするには、何らかの想定があるはずで、結果から考えて、やり方だけでなく、想定についても正しかったかどうか見直してみようとする学習方法を「ダブルループ型学習」（double loop learning）と呼ぶ。いまの事例でいえば、問題解決の設問「歩留まりを向上させるにはどうしたらよいか」が正しいかどうかを、その設問の前提となった考え方「自社の半導体を使う」こと

にさかのぼって考えようとするのがダブルループ型学習である。

知識や経験に多様性があっても、考え方の異質性が保証されるとは限らない。むずかしいテーマに挑戦する場合には、ダブルループ型学習が起こるよう、考え方の異質性を確保するという視点に立って、チームのメンバーを選ばなければならないのだ。

CSEPがラーニングチームという仕組みを取り入れる理由は、このダブルループ型学習を起こりやすくするためである。いろいろな国の人がいるので、考え方の異質性は十分にある。テーマが与えられ議論する際、初めのうちはこの異質性が妨げになる。しかし議論を重ねるうちに、切り口の議論を先にするようになると、大きい絵のほうから考える切り口と、問題の分析から考える切り口の両方があるほうが便利なことに気がつく。設問の意味を問い直し、その上で、どちらの切り口を選ぶと議論が効率的になるか考えるようになる。異質な背景をもつ人でつくられるラーニングチームは、学習の質を高めるのに有効な仕掛けなのである。

メンバーを広く選べない場合は？

「多様性とか異質性とかいわれても、既存の組織からメンバーを選ぶので、異質性の確保などできない」という場合には、経験や仕事スタイルのばらつきに着目し、チームのテーマに関係する仕事経験が乏しいリーダーと、その分野に詳しい中堅メンバーを組み合わせるとよい。仕事はよくできるが、リーダーシップは弱く結論を先送りしがちなリーダーと、自己主張が強くどんどん決めるのが好きなサブリーダーという組み合わせも有効である。前者では「従来と異なる手法で解決すること」という条件をつけ、後者は「プロジェクト全体の期限とは別に、プロジェクトの進め方の基本になる考え方をチームとして決めること」という条件をつける。調整役を務めそうなベテランにはあらかじめ、議論が沸騰するまでまとめてはいけないとクギをさしておく。どちらの場合も確実に意見の衝突が発生する。要は、初期の段階でトラブルが起こるように仕掛けておくのである。

異質性や多様性を必要とする理由のひとつは「刺激」である。意見の衝突も刺激であり、それが新しい見方や切り口の発見に役立つ。また先述したように、混乱期を経ることで、後々の活動がうまくいく可能性が高まる。CSEPの場合は、これ以上ないというほど多様性と異質性には恵まれ、学ぶことが多かった。剣術や柔道ではないが、やはり学習にも他流試合は必要だと思う。

先輩風には積極的に吹かれてみよう

刺激は、いろいろな専門性や背景となる文化の違う人からだけでなく、同じ分野に所属する先輩からももらえる。先輩の話はお説教か自慢話だと敬遠する向きは多い。実際そのとおりで、先輩風を吹かされていやだという感情もわからないではない。しかし、先輩の自慢話にはたくさんの教訓が含まれているので、先輩の貴重な経験を分け合わない手はない。筆者は、それまで担当したことのないむずかしい仕事を与えられたときでも、あまり尻込みせずにできたが、それはたくさんの先輩たちが残してくれた逸話のおかげである。

いちばん心に残っているのは、ある先輩が処遇制度の改訂案の説明に部長、課長と一緒に担当役員のところにいった際の逸話だ。役員が改訂案に反対すると、部長は「なあ、俺のいったとおりだろう」「わかりました。ご意見に沿って見直します」といったそうだ。役員の意見に近かった先輩たちの原案を、部長が反対して修正したのにもかかわらず、である。先輩たちがカチンときたのはいうまでもない。ところが役員の部屋を出ると同時に、部長は自身のおでこをたたきながら「諸君、申しわけない。俺もサラリーマンだ。今夜は俺がセットするので飲みにいこう」と叫んだので、なんという変わり身の速さだと唖然としたが、その日は普段はいけないような上等なところで飲んだという。先輩のトーンは「ひどいよなぁ」というよりは、「なかなか部下に謝る人はいないのになぁ」であった。

筆者は反対の例を経験している。部長の反対を押し切り、課長と筆者が合意した制度改訂案を役員に説明したが認可されなかった。役員の意見は部長の意見に近かったのだ。しかし部長は、われわれをかばって反論、ついには、きみがそんな意見なのは問題だと叱責されてしまった。よく考えると役員や部長の案のほうに理があり、大いに反省したのだが、部長は一度も「俺のいったとおりだろう」という態度はみせなかった。

その後、いろいろな立場を経験したが、自分が間違えたときにその非を認め、部下に率直に謝るのはむずかしく、自分が正しかったときは「そらみろ」とどうしてもいいたくなった。とても、この二人の部長のようにはできなかった。

先輩の逸話には労使関係や地域社会にかかわるもの、成功体験や大失敗の話などいろいろあり、おもしろいだけでなく、どれもどこかで筆者の会社生活に役立った。異なる意見のぶつかり合いが新しい切り口を生み出してくれる。異なる経験のぶつかり合いも同様な効果をもつ。それゆえ、先輩風は避けるよりも吹かれるほうがよい。いや積極的に吹かれるべきものだと思う。

ちなみに先の二人の部長は、どちらも後に副社長になられた。

9 わくわく度の高い目標を掲げよう

ビジョンとは、遠くの丘の上の旗

本格的なチームであれば、どんな場合に「自分の役割の境界線を超えて協力する」のかをメンバー各自が理解し、自律的に行動する姿勢が共有されている。共通の判断基準が与えられているからだ。判断基準といっても、マニュアルのように細かく規定したものではなく、「何をやりたいか、なぜやりたいか、どうやりたいか」などを自分の言葉で表わしたもので、ビジョンと呼ばれることが多い。「○○を使って△△に貢献する」という形式が一般的だが、そうでないものもある。

ルーサー・キング牧師の有名な演説「私には夢がある」（I have a dream.）のなかに次のような一節がある。演説の形をとっているが、明らかにビジョンの表明といえる。

「私には夢がある。それは、いつの日か、私の幼い子どもたちが、肌の色によってではなく人格そのものによって評価される国に住むという夢である」

ビジョンはそれによって、やる仕事の範囲を示す機能をもつ。たとえば、「トラックで荷物を運ぶ会社」と定義するのと、「ロジスティックでお客さんの業務の効率を支援する会社」と定義するのでは大きな違いがあり、前者では、「荷物の保管された倉庫内で商品に電子タグをつける」ことは想定外の作業だが、後者では十分、対象となる作業といえる。

ビジョンが必要なのは、どちらの方向に進むかチームが迷うとき、方向を示すものがないと決断しにくいからである。その意味でビジョンは、遠くの丘の上にたなびく旗である。それだけでなく遠くの旗は、チームにがんばる意味とエネルギーを与える。ビジョンは、達成できればとてもうれしい状況について述べたものだからだ。

多くの場合、チームは何をいつまでに達成せよという目標を与えられてスタートするので、近くの目標はもっている。問題はビジョンのほうである。

日本の会社の場合、ビジョンはあるにはあるが、建前論や理想論のように受け取られ、行動をガイドするものとはなっていないケースが多い。困ったときの道しるべとして機能していないのだ。自律的に動くためには、遠くの旗が必要である。そうでないと、近くの目標に取り組んでいるうちに進むべき方向がわからなくなってしまうことが起こる。遠くの旗がみえているうちは迷わないが、森に入り込むと旗がみえないので、迷ってしまうのだ。チームの活動がうまくいかないのは、多くの場合、課題と期限といった身近な目標しかなく、遠くの旗がないからである。

「できたらいいな」と思える目標

典型的な遠くの旗について考えてみよう。

いちばんよい例が高校野球の「甲子園出場」である。高校野球の選手にとって甲子園は、ちょっとむずかしそうだが、達成できたらとてもうれしい目標である。もちろん学校ごとに建学の理念や教育綱領がある。しかし生徒は建学の精神の実現をめざしてがんばるわけではない。むずかしそうだが実現できればうれしい、「わくわく度」の高い甲子園出場という目標なのでがんばれるのだ。そうであるなら、チームの場合も、会社の理念だけでなく、それをもう少しブレークダウンした、わかりやすく、わくわく度の高い遠くの目標が必要ということになる。

わくわく度の高い目標の事例は、いままで実現できていなかったことを実現するようなもので、「世界でもっとも高性能」「世界で初」などの形容詞がつけられるものや、「ノーベル賞」「デミング賞」など、すでに十分権威が認められているものの獲得などであろう。

ただし、自分たちで手が届きそうなものでなければ目標にはなりえない。したがってレベルを落として挑戦することとなるが、それでは目標の輝きも低下する。ここに遠くの旗のむずかしさがある。反省を含めて、筆者の経験を紹介しよう。

日立の経営研修所の社長に就任し、最初につくったビジョンが、「マネジメント教育でワールドクラスと認められる教育機関になる」であった。世界中と競争している会社の教育機関がワールドクラスの教育プログラムを提供できなければ、競争に勝てるはずがないからだ。しかし、このビジョンが研修所の社員にとってわくわく度が高いかというと、とてもそうとはいえない。ワールドクラスというだけでは、イメージがわかず、自分の仕事との関係性が思い浮かばないからだ。そもそも世界中の企業の研修所がどんなことをしているかの知識が乏しい。なんらかの対策が必要であった。

自分たちのやるべきことがイメージできる目標

そこで、世界中のビジネススクールの先生方を招いて研修所の活動に助言をしてもらう委員会（アドバイザリー・コミッティ）をつくり、年二回会合を開催することにした。参集いただいたのは、アメリカからは、先述のシニア・エグゼクティブ教育を主催するコロンビア大学、授業料のわりに給与の高い仕事に就けることからコスト・パフォーマンスが高いと評価されるミシガン州立大学、ヨーロッパからはスイスのローザンヌにあるＩＭ

D、日本からは慶應義塾大学と一ツ橋大学の先生方である。
会合は研修所で行なわれ、議事録を作成の上、社内の部課長会で議論の内容を紹介した。少しは世界の動きをみなが知るようになったと思い、ビジョンに以下のサブタイトルをつけることにした。「能力開発と聞けば、だれもがまず日立の経営研修所を思い浮かべるようにする」である。これなら、「そのためには、」と、各人のやるべきことに落とし込みやすいと思ったのだ。

しかしこれでもまだ、自分たちのやるべきことについてのヒントは十分ではない。ワールドクラスであるためには、他の教育機関と差別化できる特徴が必要である。しかし、この点について、ビジョンは何も触れていない。そこで取り上げたのが、教育を「問題解決の場」とする考え方で、この点を表現するものとして、「知識を売るのではなく、体験を売る研修所になる」というサブタイトルを加えた。単なる知識の切り売りでは、知識も身につかない。体験を通して問題整理の仕方、切り口の見つけ方、習ったことの使い方などを学べば、問題解決力は向上する。授業のなかでの討議や先生からのコメントが、受講生の抱える問題を解決するヒントとなるかもしれない。これなら、各人のやるべきことのイメージは、前よりわかりやすい。

ただし、これでもわくわく度は、甲子園には遠く及ばない。そこで、仕事のわくわく度を高める施策を別途つくることにした。年一回、研修所スタッフ全員で合宿し、ビジョン実現の具体策を考えてもらい、出てきた案のなかでわくわく度が高いと意見が一致したものから実行に移すようにした。これで少しはビジョンと実際の仕事の距離が近くなったと考えた。

振り返って反省すると、ビジョンの大切さはわかっていたが、実際の策定方法は、表面的にしか理解できていなかった。ビジョンは、遠くの旗なので、すぐに実現できなくともよいが、実現に向けてみなが夢として語れるものでなければならない。夢が語られる量がふえるにつれて、わくわく度が高まる、そういうビジョンが理想的だが、筆者のものは理屈っぽく、夢とはいいがたいものだった。

イメージできないものはマネージできない

筆者の友人の一人に大学の心理学教授がいる。アメリカ人の彼の経歴でおもしろいのは、大リーグのメッツのコーチをしたことだ。投手に外角低めにストレートを決められるよう指導したそうだ。日本のプロ野球チームでは、心理学教授でもあるコーチがいるとは聞いたことがない。フィジカルコーチが投球フォームやボールのリリースポイントについてコーチするのに対し、彼はイメージトレーニングを担当した。

九回裏二アウト満塁、三対二で一点のリード、カウントはスリーボール、ツーストライク（アメリカではストライクからではなくボールから数える）という状況を思い浮かべさせる。三対二になるまでの配給も想定、一球ファウルで同じ場面、次は三塁に牽制を入れてから投球、外角いっぱいにストレートが決まって空振り三振、観客がどっとわき、ガッツポーズが出る。そこまでイメージできれば外角にストレートは決まる。汗を拭く動作、球種など細かいところまでイメージできなければだめだそうだ。失敗をおそれる気持ちや過度の責任感など微妙な心の動きがコントロールに影響を与える。イメージできないことはマネージできないのだ。

筆者もこの手法を、一年間継続の課長選抜研修で用いている。研修が終わって職場に戻った後、習ったことを使って何をするかを考え、一〇〇日間の実行計画を立ててもらうのだ。立案にあたっては一〇〇日間計画に、シンボルとなるような名前をつけるようお願いしている。計画にぴったりするような名前が決まれば計画はうまくいく。

ところが最近の参加者（課長）は、これがうまくできない。抽象化がどうも得意ではないようなのだ。シンボルとは何かを聞いてくるのだ。そこでたとえば、と「イソップのウサギとカメの話のカメのようにがんばる」とか「映画のロッキーの主人公のように挑戦する」などと説明すると、提出されるタイトルは、イソップとテレビと映画の主人公ばかりになってしまう。自然でも、ことわざでも、しゃれたセリフでもなんでもよいのに、ある年は、アリとキリギリスが二人、北風と太陽が二人、ウサギとカメが一人で、参加者三十三人中五人がイソップだった。これでは、わくわく度が高いようにも、「できたらいいな」感があるようにも思えない。

実際、一〇〇日後にプランを実行できたかどうかを報告してもらう会を設けているが、出席者は半分に満たない。計画は立てただけで、実行できていないと思われる。

実行できた例のなかには、一〇〇日では期間が十分でなく目標は達成できなかったが、その後も努力を続け一年後には達成したという報告が届くこともある。食品関係の営業課長は、コーヒーがキリマンジャロ、コロンビアなどと産地のブランドで売られる場合が多いなか、企業のブランドで売れるコーヒーの新商品を開発、販売するという計画を立てた。いろいろな部門の協力が必要になり、簡単には達成できそうもないテーマだ。彼が選んだシンボルは「スイミー、小さな賢いさかなのはなし」であった。非常に多くの人の協力を得る必要がある本人のテーマと、映画のストーリーとがよく合致している。

市場に出ていますとコーヒーの包みが届けられて計画の達成を知ったのだが、自分で立てた計画を自分で実行するのは、リーダーとしての自分に対する信頼度を蓄積するので、リーダーシップのトレーニングとしてとても有効である。このことは一〇〇日計画をつくる講義のときに力説していたので、とてもうれしかった。

スポーツに限らず、仕事の場合もイメージできなければ、マネージできない。言い換えると、段取りやぶつかりそうな困難を事前に細かくイメージできてはじめて、うまくやり遂げることはできるのだ。

ビジョンに照らしてどうだったか

ビジョンは、それに照らして、いまやっていることが正しいかどうかを常にチェックするのに使う。人は、正しいことをしている、意義ある仕事をしていると信じられるとき、達成動機が高くなる。動機とは、行動を起こすエネルギーの別名である。ビジョンが「達成できれば、すばらしい」という要素を含む必要があるのはこのためだ。では、「ビジョンに照らして考える」作業とは実際、どんなことだろうか。筆者のケースでみてみたい。

筆者のビジネスにおけるビジョンは、「組織内一人親方の数をふやすことに貢献する」である。グローバル競争の時代を企業が生き抜くためには、ベンチのサインをいちいち見ないでも仕事のできるプロ人材がたくさん必要だからだ。また、個人にとってもプロ人材であることが生き延びる条件のひとつになってきている。長寿命化で七十五歳まで働く時代が近づけば就業期間が長くなるので、個人がM&Aやリストラに遭遇する機会がふえたり、知識の陳腐化が進む可能性などもふえる。そのため、雇われる能力が高いプロ人材になることは従来に比べ一層重要になる。

I章4で、目標には階層があることを説明したが、それに従えば、中位のビジョンは、「仕事は大変だがおもしろいと感じる人材の育成」になる。仕事をおもしろいと思えることがプロ人材に育つための第一の条件だ。下位のビジョンはいくつかに分かれるが、たとえば「答えを教えるのではなく、答えの見つけ方を教えるプログラムの提供」といったものが相当する。だれかに教えてもらった答えではなく自分でみつけた答えでないと、実際には活用できない。

上記のビジョンにもとづいて設計したのが、「マネージャーのための戦略論入門」などのセミナーである。週一回の五回コースで、希望者のみを対象とする延長戦(パーティ形式で自由討議)つきプログラムだ。単発の授業では、受講生との対話の時間が十分にとれず、受講生の成長も実感できない。ある程度のまとまった時間をとり、いわゆる「手塩にかける」感覚が、教える側と教えられる側の双方に感じられるプログラムにしたいと思った。講座は退勤後あるいは出勤前で、五回のうちの一回は土曜日に設定し、合計で五百四十分（延長戦含めず）である。大学の授業は通常、九十分授業七回の計六百三十分が１セット（半単位）なので、それには少し及ばないが、不足分は、反転授業形式（予習を主、クラスを従とする教え方。クラスでは教科書の内容を教えるのではなく、討議、応答を中心とすることで学習効果を高めようとする方式）を取り入れ、事前課題として講義と関連が深い本を課題図書に指定し、感想文の提出を求めた。また、次回の講座前までに提出する宿題をつくり、復習、あるいは予習に相当する作業を必ずしなければいけない仕組みをつくってスタートした。

結果はビジョンに照らしてどうであったか。

振り返ることでわかる改善策

結論は、「受講生の成長度合いが不十分」だった。一〜三期生では、第一回の講義時と延長戦終了点で大きな違いが感じられる人が三割程度にすぎなかったからだ。他の受講生も成長が認められ、全体のレベルは最近の課長よりはずっと上なのだが、大きく伸びた人の率という点では、すこし不足である。これでは、ビジョンの「一人親方をたくさんつくる」にかなっているとはいえない。改善が必要と考えた。

問題は、ノートをとる習慣が乏しいことや、宿題の内容がいまひとつ切り口の検討に欠けることだ。仕事の都合や家庭の行事を理由に、気軽にクラスを欠席する人も時々いることから考え、「育つ気持ち」が十分に刺激されていないのでは、と考えた。自分の位置、他の人と比べて自分がどのくらいできるか、できないかを自覚できるよう、宿題は全員で交換する仕組みにしていたが、初めのころは、他の人の答えに関心を示さない人が散見された。そこで、講座の初回では時間を設け、各人に回答の内容と、なぜその答えになったのかの説明を求めた。この変更は、「へー、そんなことを考えたのか、自分は思いつかなかったなあ」と、自分の考えの不足を気づかせ、以後の宿題の内容がよくなる効果を生んだ。五期生からは、Ⅲ章13で説明するe-learningの修了をクラス参加の条件に加え、自分の位置をより具体的に把握し「育つ気持ち」をさらに刺激するようにした。

もうひとつの対策は、職場への働きかけである。会社の費用で勉強させる以上、勉強することが仕事でなければならず、安易に仕事を理由に欠席させるようでは、職場の「育てる力」は十分とはいえない。本人の不在期間中の対応を事前に考慮の上、参加を了承したはずで、急な出張を命じたりしてはおかしい。そこで、職場への働きかけも狙って、受講生を派遣する立場である人事・教育部門の責任者や、担当役員ないしは部長を招いた会を設けることにした。セミナーで具体的に教えていること、その理由、受講生の反応などに加え、最近の課長クラスの弱点などを紹介するもので、学校にならいＰＴＡの会と称している。職場の育てる力を改善してもらうことを目標とするものである。

筆者が研修所長だった時代、日立製作所では、事業所長研修が事業所の予算編成時期と重なるケースがしばしばあった。講師役の社長や役員の日程の関係でそうなるのだが、日程がよくないと不満を述べた事業所長に対し社長が、「きみがいなければ仕事が進まないようでは、権限の委譲ができていない。代わりのできる人を育てていないのも問題。きみは事業所長として落第」と答えたそうだ。「育てる力」の源は職場にあるべしという考え方の見本のひとつといえる。

これらの対策によって、主観的判断ではあるが、大きく成長する受講生の比率は、六期生あたりから半分程度までに改善した。

ビジョンに照らして振り返る作業は、仕事の進め方にいろいろヒントを与えてくれる。方向に迷ったときも進むべき方向を教えてくれる。ビジョンは、単なるお題目や建て前ではなく、遠くの丘の上に翻り、こちらにおいでと差し招く旗なのである。

10

チームを動かすには手順の合意が大切

チームをつくるのは変えるためだと再三、述べてきた。それでは、どのような条件が揃うと、現状が変わるのだろうか。チームを上手に動かすには、まず変化が起こる条件について押さえておく必要がある。

変化をつくるには三つの条件が必要

変化が起こるには、「現状への不満」があり、「変えた後の姿」が示され、「変える手順」の合意があることが必要である。この三つを合計したものの大きさが、変えることにともなう広い意味でのコストを上回っていなければならない。

現状に対する不満の程度が小さければ、どんなに将来の明るい展望を説いても変化は起こりにくい。現状に対する不満が大きくても、どう変えたいかの進むべき方向の意見が分かれてしまえば、変化は進まない。不満が大きく、進むべき方向が決まっても、だれが、何を、いつまでに、どうやってやるかという具体的な進め方に合意できなければ話は進まない。変化に対する抵抗は、特にこの具体的な進め方の問題にぶつかると大きくなる。

会社でチームをつくるという場合、通常は、「このままでは困ったことになる」という現状に対する不満は十分にあり、「この分野でのナンバーワンに返り咲く」などといった変革後のイメージもある。チームをつくる母体となる組織のビジョンをさらにブレークダウンし、わくわく度をつけ加える必要はあるにしても、問題は、変える手順である。事業部門を統合するとか、この商品は製造を中止するとかの提案をしても、利害関係者の抵抗がいろいろ起こるのが普通だ。不良低減のための小さな改善案であったとしても、仕事の上で影響を受ける各部門が了解しないことには変化は起こらない。変える手順について利害関係者の賛成を得ることが、チームが変化をつくり出すためにはもっとも大切であり、このことをチーム運営上の目標にする必要がある。

ここで三条件のそれぞれについてみてみよう。

変える手順に賛成を得るという目標に到達するためには、実は「不満な状況」についての認識を共通にしておく必要がある。チームをつくった以上、変えたいという不満な状況があるのは当然だが、利害関係者の認識が一致しているとは限らないからである。

たとえば新しく、遺伝子の型や配置を解析することにより新薬の開発などに貢献することを目的にスタートしたライフサイエンス事業の赤字が大きなままで、なかなか黒字化しないとしよう。不満な状況は明らかである。しかし各部門の認識は異なる。

（営業部門）「遺伝子チップを使った検査は粗利が出ている。赤字の原因は、事業の開始にあたって購入したライセンスのコストが高すぎたことで、営業とは関係ない。問題は、製薬会社と対話できる研究者の不足である」

（開発部門）「遺伝子を使って検査をする仕事は競争相手も多く、単価が安い。新しい薬を開発するために遺伝子解析を使うべき。そのための開発に注力すべきだが、入手したライセンスはこの方向と一致していない。事業計画を見直すべきである」

（解析部門）「われわれの強みは解析ツールを自分で開発できることで、医学知識ではない。検査を引き受けるのではなく、解析ツールを営業部隊は売るべきだ」

（事業部門）「とにかくこのままでは赤字が解消しない。早急にリストラを実施すべきである」

これでは、とても不満な状況に対する認識が一致しているとはいえない。

船に穴が開いて、海水が流れ込んでいるときに、穴を開けたのは私ではない、穴をふさぐ仕事はだれかがやるべきだとか、穴がすぐ開いてしまうような船を買った人が悪いとか議論しても仕方がない。海水の流入を止めるなり、排水作業をするなり、浸水が他の部分にまで影響しないよう防水作業をするなりをすべきである。まず必要なのは、「水が入りはじめていて、放置していては船が沈んでしまう」という現状をみんなが理解しなければならない。状況の認識とは責任追及ではない。

目的達成後の「うれしい姿」を描く

不満な現状について共通認識ができたとして、次に意見をすり合わせなければいけないのは、「変えた後の姿」である。多くの場合、チームには課題、すなわちこの問題を解決してほしいというテーマと期限が与えられる。そのためすぐに問題点の分析に取りかかりがちで、改善した後の姿についての議論がなおざりになる傾向がある。

改善した後の姿についてのイメージがばらばらだと、実際に問題解決の手順についての議論になったとき、方向が定まりにくい。まずは現状を変えることによって「どんなうれしいことが起こるのか」「どんな便利なことが起こるのか」などを深く議論しておく必要がある。複雑な問題の場合は特にそうである。

たとえば、「部下が能力開発をすることを応援する上司の数を増やす」といった課題が、人材開発担当者に与えられたとしよう。この課題自体はだれにでもわかるものだが、担当者にとっては、何を意図しているかが容易に把握できるものとはいえない。なぜなら、そういう上司がふえると何がうれしいのかを理解しにくい。課題を聞いて、上司は当然そうあるべきだという建て前論を聴かされたように思うかもしれない。実態はどこも業務多忙で、研修でだれかが抜けたりすると仲間が大変になるのは普通のことで、それより増員か作業量の削減が先ではないか、と課題に対し疑問が生まれる。そして、自分の上司がそういう人だったらうれしいかを自問したとしよう。そもそも自分の能力開発について、明快な目標をもっているわけではないことに気がつく。まずは、キャリアパスについてもっと説明してほしいと感じ、あまりうれしくない。

本当は、この課題を与える前に、世界中の企業が教育力、すなわち将来獲得する能力も含めて勝ち負けを争っていることを認識させられればよいのだが、世界中で闘った経験がないと、とてもそこまでの実感はもてない。

こんなときは、課題のブレークダウンが必要になる。「部長、課長の教育に対する関心を深めるには」「役員クラスの研修計画を立案せよ」などにである。後者については、筆者は実際に計画・実行したことがある。狙いは部長クラスを海外の研修に派遣しやすくすることだった。社長の了解を得て役員クラスを何人かアメリカと欧州の幹部研修に派遣したのだ。参加した役員はみな、帰国後に次のような趣旨の発言をした。「研修はとても参考になったよ、でも授業や宿題についていくのは大変で、もっと若い人を出すほうがよいのではないか」。以降、部課長クラスの海外派遣がやりやすくなったのはいうまでもない。

「目的達成後のうれしい姿」とは、わくわく度の高いものとは異なり、より実務に関係する姿といってよい。わくわく度は欠けるかもしれないが、効率的になるとか、効果の持続性が高まるのでうれしいという姿である。「高速道路ができて東京まで速く着けるようになってうれしい」ではなく、「高速道路はできたが、隣接の国道と高速をつなぐ道路が整備されておらず、うまく利用できないのが不満だった。それがようやく整備され、使いやすくなってうれしい」である。高速道路の利用率の向上や接続後の渋滞解消の状況を示すことによって、接続道の整備計画は賛成を得やすくなる。目的達成後のうれしい姿を描くことは、チームを動かすときに必要な作業である。

具体的に考えれば手順もみえてくる

高校の硬式野球部を甲子園に出られるようなチームに変えようという場合は、甲子園出場という十分大きくて魅力的なビジョンはあっても、「そんなことは到底おれたちには不可能」と部員が思っていれば、変化は起こらない。しかし、「初出場を果たした公立高校がある。彼らの練習はこういうやり方だったらしい。こんな順序で目標を一つひとつ達成していけば、うちにも可能性が開けるのではないか」という具体的提案が行なわれれば、「素質はおれたちとそんなに変わらないはずだ、やってみようか」と部員も考える。

こう思うようになってはじめて、「甲子園出場」が本当のビジョンになってくる。その上で、自分たちは守備力、投手力、攻撃力のどこが不十分か、どこから改善すればよいかを問えば、答えはいろいろ出てくる。練習を続けるうちに、練習のための練習といった状態に陥り、なんのためにこの練習をしているのかわからなくなっても、初出場を果たした公立高校のレベルをもう一度思い返せば、再びチャレンジをはじめる決意をしたときの心境に戻ることができる。何を練習しているかも思い出すことができる。

チーム活動では、変える手順プロセスにみんなが賛成することが大切である。そのためには、不満な現状を振り返り、目標達成後のうれしい姿を繰り返しイメージすることが有効である。

「組織」のもつ特性に配慮が必要

本格的なチームをつくるには、「組織」というものがもつ特性に配慮しなければならない。なぜなら、チームも組織のひとつなので、分業の原理によってつくられた「組織」と同じ特徴がある。たとえば「分けると壁ができる」。仕事を分けることによって専門性は高まり、効率も向上するが、それゆえ他部門からの介入や助言をいやがる傾向が出てくる。「いいから、専門家に任せて」である。しかしその一方で、専門家として他の部門に「ああしろ、こうしろ」と口出ししたくもなる。

専門性に関する自負が問題を生じさせる例に「not invented here」と表現されるものがある。自分のところで開発されたもの以外は信用しない傾向が出ることである。外部のすぐれた知識、部品・材料をすぐには取り入れようとしないため、後れをとってしまう。便利だからつくったはずなのに、壁ができて効率の妨げになってしまうケースだ。職能部門を代表してチームのメンバーに選ばれた人が、部門の利害ばかりにこだわり全体としての利益追求に妨げとなるケースは、専門性の壁の一例である。

組織は、分けたほうが便利だからつくるが、実は、何が便利かは組織の文化によって左右される。仕事の手順について決められたマニュアルを事例に考えてみよう。

鉄道の場合、電車の運転手は時刻表どおり駅に発着することが求められ、そのための手順がマニュアルとして定められている。乗客が急いでいるからといって時刻表より早く電車を走らせてはいけない。マニュアルは安全確保のためにも重要なので、マニュアルを守ることを奨励する制度、守らないと罰せられる規則がつくられる。組織構造も、指揮命令のルートが明確なものが採用される。これらは、組織の人々の「何が好ましいか」という判断に影響を与え、次第に組織の文化になっていく。

これに対して製造業では、作業マニュアルはあるが、それを守っているだけでは競争に勝てない。効率向上のためには、マニュアルの改訂が必要になるような作業改善が常に求められる。「守る」以上に大切なのが、「改善する」である。研究開発部門の場合は、さらに事情が異なる。研究開発の成果が会社の命運を左右するような産業では、会社として公に認めていない研究をする自由を認めたほうが、効率がよい。

人に何かを教える場合でも、手取り足取り教える方法もあれば、「教えないで本人に気づかせる」ようにすることもある。「何が便利か」は文化によって決まり、一律ではない。したがってチームが出す結論に対する評価は、職能部門によって異なるのは当然なのだ。メンバーが、所属する部門の利益代表のように振る舞っても、ある程度はやむをえないと考え、職能部門を説得する理屈をみんなで考えるようにしたほうがよい。

「組織」がもつ特徴には、「使われなければ意味がない」もある。たとえば高速道路をつくったのに、既存の道路との接続が悪く利用者がさっぱり、というのでは建設費が無駄になってしまう。また、高速料金が高すぎても同じ問題が起こる。前者をコーディネーション（協働、協調）問題と呼び、後者をインセンティブ（刺激、誘因）問題というが、このような問題とチームも無縁ではないことを考慮すべきである。

チームが出した改善案が、部門間の協力関係が十分でないために実行できないのであれば、チームの活動は意味がなくなってしまう。また、解決のための施策に費用がかかりすぎると、実行にいざなう力（誘因）が弱くなかなか実行に至らない。チームの活動が意味の薄いものになってしまわないよう、コーディネーションとインセンティブに意を用いたい。

組織がもつ最大の特徴は、「いったん、できると変わりにくい」ところにある。その理由は組織の区分の仕方にある。組織は便利だからつくられるが、組織をどこで区分したらよいかは、情報の流れが左右する。受け取る情報、自分で処理加工して他に流す情報という区分は、毎日の仕事を通して決まってくる。受け取った情報を処理、加工している部分が組織の一単位で、その単位をどの程度まとめると便利か。繰り返し行なわれる意思決定をルーティンと呼ぶが、前工程からどんな情報をもらって、後工程にどんな情報を流すかは、長年の経験と試行錯誤により導き出される。組織の区分は、このルーティンによって決まるといえる。一方、前述のとおり、何が便利かは文化によって判断が異なる。総合すると、組織は縦・横の分業の結果（構造と呼ぶ）とルーティンと文化でできているのだ。ルーティンと文化は長年の経験と試行錯誤の結果なので、簡単には変化しない。やたらに組織の構造を変えたがる人がいるが、構造だけ変えてもルーティンや文化が変わらなければ、組織は変わらないのが普通である。仕事の仕方を変えなければ、組織は変化しない。チームはこの点に留意して、変化をつくり出す必要がある。

11 新しい発想を生む行動ルールを定める

前節で、変える手順プロセスの大切さについて述べた。変えるために考えなければならない手順には二種類ある。一つは、物事を検討する場合のルールを決めること、もう一つが、問題解決手段をどういう順序で採用し、どの手段にもっとも重点をおくかを決めることである。前者は、解決プロセスを決めるのに必要なもので、チームのもっとも基本的なルールとなる。

「活動をつまらなくしない」ルール

基本的なルールのあり方は、スポーツを参考に考えるとわかりやすい。ゴルフでは打ったボールが、この境界線を越えたらOB（out of bounds）として二打を加算して打ち直す規則がある。野球であれば、この柵を越えたらホームランだとして、打者は妨げられることなくベースを回ってホームに戻れるし、守っている選手は、柵を越えたボールは追いかける必要はないというルールがある。これらは、必ずこの範囲で競技をすることという領域を定めたものといえる。

そしてスポーツのルールには、もうひとつ、危険を防止するためや競技をつまらなくしないための規則がある。野球で、投手が打者にボールをぶつけると、打者を一塁に進ませる罰を与えるのは、危険防止のためである。四回ストライクが入らないと、打者が一塁に進むという罰が投手に与えられるのは、いつまでもストライクを投げず打者も打たないという、つまらない事態に陥るのを防ぐためである。

チームを上手に動かす際にも、運営に関するルールとして、この範囲のことについて議論しようという「活動領域についてのルール」と、こういうことはしてはいけないという「行動様式に関するルール」の二つを決めるとよい。

活動領域に関するルールは、与えられた課題によってかなり決まってくるので、チーム内で議論すれば整理できる。問題は、行動様式に関するルールである。行動様式は、人や所属する組織の文化によって異なるので、設定は簡単ではない。しかしチームが目標を達成する可能性を危険にする行為、活動をつまらなくする行為は禁止すべきである。

チームをつくる目的は、個人の力量を合計した以上の成果をあげることである。そのためには、異なる意見がぶつかり合って化学反応を起こし、新しいアイデアが生まれるようなことがどうしても必要になる。つまり意見のぶつかり合いを妨げるような行為は、ルール違反としたほうがよい。たとえば自分の意見を明確に述べない、討議に加わらないといった姿勢がそれである。そのような人がいると、活動をつまらなくもする。

あるとき、日立の本社に各工場の労務主任が集められ、給与制度に関する会議が開かれた。開会に際する自己紹介のとき、「自分はこの職務に就いて日が浅いので、本日はみなさんの意見をよく聞いて勉強したいと思います」と述べた人がいた。

会議を主催した人がすぐに応じた。

「それならきょうは帰ってよい」

会議は、専門家としての意見を闘わせる場で、勉強の場ではない。少なくとも本社は、工場の意見を知りたがって会議を招集しているのだから、異動したばかりであっても工場としての意見をもった上で参加すべきだという強い意思表示だった。

やはり自分の意見をもってチームに参加するのでなければならないし、会議などでは、自分の意見をはっきりと述べなければならない。これが行動様式に関する基本ルールである。これに反する人はメンバーからはずすことが原則である。

スポーツのルールには、本来のルールとは別に、競技する場所の状態によって特別に決められるものもある。アメリカ大リーグ、シカゴカブスのホーム球場の場合は、フェンスに生えているつたの間にボールが入ってみえなくなったら二塁打と認められる。ゴルフの場合も、ここは民家が近いのでドライバーで打ってはいけないと定められるケースがある。こういった物事を円滑に進めるための特別ルールも、チームごとに定めてかまわない。たとえば指導奨励のためにチームメンバーに経験の乏しい人を入れることは、ありうる。その場合でもメンバーとして意見を述べることが要求される。みんなの話を聞いているだけでは勉強にならないからだ。したがって「参加条件として過去のファイルを全部読んでから出席すべし」などの特別ルールを設けることは当然、認められるべきである。

意見を述べなければ、だれも触発されず、よいアイデアは生まれないから、チームの目標達成は危うくなるので、傍観者のような態度は禁止されるべきである。

資格や地位にかかわらず一人一票

もうひとつ決めておかなければならないのは、結論の出し方のルールである。これを決めないと、一定の期間内に結果を出すことを要求されているのに、議論がいつまでも続くようなことが起こる。これは、チームの活動をつまらなくしてしまう原因ともなる。チーム運営がうまくいかない原因のひとつは、この点についての自覚がチームのリーダーやメンバーに不足していることである。そのため、なんとなく部長とか課長とか、チーム内で地位の高い人がより多く発言したり、議論を方向づけたりする慣行ができてしまう。チームをつくった理由に照らして考えれば、それではうまくいかないことは明白である。

チームは、問題解決のために、いろいろな分野のプロと目される人材を集めてつくられる。そうである以上、求められているのは地位や資格ではなく専門性であり、議論の中身である。「なるほど」と他のメンバーに思わせ、それが刺激になって、「それならこういう方法はどうか」と自分の専門からみた知見をつけ加えたくなるような意見が必要である。

ところがよくみられるのは、事務局が期待する結論が出るよう議論を誘導したり、部長の意見を忖度して発言したりする行為だ。それでは、チームをつくった意味がない。専門家の集まりである以上、丁々発止な議論が期待され、その上で、一人一票の投票で多数決というのでなければ、革新的解決案は生まれない。チームの全員がこのことを意識していなければならないのである。

もちろん多数決で決めたことが常に正しいとは限らない。出した結論を実行した結果、うまくいかなかった場合は、それがなぜなのかを検討することになるが、その際、少数意見が採用されなかった理由を調べると失敗の原因がわかるケースがままあるからだ。それゆえ、少数意見も議事録にきちんと記載しておく。また、法廷で争う場合には、全員一致の、反対意見が記載されていない取締会議の議事録は、証拠能力は乏しいとみなされるケースもある。反対意見がないのは、結論が強要されたことによるものかもしれないからだ。

少数派は、多数決で決まったことを受け入れ、決定事項に従って次に進まなければならないが、その前に専門家として信じるところを説明し、他の専門家を納得させる努力を全力で尽くす義務があるのを忘れてはいけない。

「どうして」「だから」「それなら」

個人の力量を合計した以上の成果をあげるためには、意見を闘わさなければならない。しかし、感情がぶつかっていたずらに反論を繰り返す「議論のぐるぐる回り」に陥ることは避けなければならない。議論が、表面的な意見交換だけで終わっては、新しいことは起こらず、それではつまらない。そこで質の高い討議ができるよう、コミュニケーションの標準仕様ともいうべきグラウンドルールが必要になってくる。

昔、「ねさよ運動」というのが筆者が通っていた小学校にあった。横浜弁の「そんでねー」「だからさー」「そんでよー」などの言葉使いをしないようにする運動である。しかしこの「さー」は、実はメンコをするか、ビー玉にするか、それとも女の子も入れて追いかけっこにするか（女の子からいえば男の子も入れて縄跳びにするか）を決めるのに役立つ言葉だった。何かの遊びをしようと提案する子に、あるいは遊びのルールを変えたいという子にみんなが発したのは、「どうしてさー」であり、「なんでさー」という問いである。「どうしてさー」は、きのうやったのにとか、こんなにいいお天気なのになど、提案に賛成しないほうにも理由があることをうかがわせる。それに答えるのが「だからさー」と「だってさー」である。提案に賛成しないで別な意見をいう場合は、相手の提案の一部を取り入れる「そんならさー」である。議論をする際の基本ルールは、この「さー」の使い方であるべきだ。

意見が述べられたとき、発言者の意見の根拠を尋ねるのが「どうして？」である。それに対して理由や根拠を述べるのが、「だから」である。その説明に対して、別なアイデアを出すときに使うのが、「それなら」である。説明者は、「だから」を発した人から、「それなら」を発した人に交代する。「それなら」のよい点は、相手の意見を取り入れて（踏まえて）というニュアンスがあることだ。チームで議論するときには、相手の発言の理由を確かめ、その上で自分の発言の根拠を示しながら意見を述べる。そして、別の選択肢を提案する場合は、相手の意見を取り入れつつ、よりよいと思うアイデアを提示する。当然、相手にも、「それなら」と再び提案する機会を与えるべきである。

どうして、だから、それならをコミュニケーションの基本仕様としておけば、議論はぐるぐる回りにならずに前進する。説明者が自然に交代するからだ。言葉使いは伝染する。「どうして」「だから」「それなら」を意図してみんなが連発するうちに、それが標準仕様として定着する。ぜひ心がけてほしい。

先に事例であげたコロンビアのシニアエグゼクティブ・プログラムの場合は、グループ内で、初めは「自分はそうは思わない」（I don't think so.）が「なぜなら」（because）の前に連発されたのだが、それでは話がまとまりにくいので、そのうち、「あなたの意見に（一部）賛成」という感じで、**I'll take your points.** が使われるようになった。コミュニケーションの標準仕様が定まってきたのである。

議論は「抽象の階段」を揃えよ

議論の仕方についてはもうひとつ留意点がある。繰り返し述べてきたように、チームに多様な専門家を集めるのは、異なる考え方がお互いを刺激し、問題の解決につながる新しい切り口が生まれることを期待しているからである。しかし、そのためには、お互いの発言が正しく理解されなければ、議論はかみ合わない。

いろいろな研修でグループ討議を指導する機会があるが、強く感じるのは、最近のビジネスパーソンのコミュニケーション能力が著しく低下していることである。各社の代表選手と目される優秀層が参加する部課長クラスの選抜研修などでも、グループ討議はとてもへたである。情報の共有化がすでに行なわれている社内や業界内では、話がよく通じているかもしれないが、異業種の人と議論をはじめると、たちまちグループ討議の結論はきわめて幼稚なものになる。そうでなければ、だれか声の大きい人に引きずられた一面的なものになる。発表に際して、グループ内にはこういう意見もあったと、すぐれた少数意見が紹介されるケースはまれである。理由のひとつは、議論のときに、「抽象の階段を揃える」という原理原則が十分に意識されていないことにある。

抽象の階段を揃えるとは、言葉の意味のレベルを整えることで、どういう意味でその単語を使うかを明確にすることである。たとえば「生物」という単語を使ったとすれば、それは、動物、植物というレベルを頭に思い浮かべたのか、それとも哺乳類、鳥類、爬虫類というレベルを思い浮かべて使ったのかを、相手がわかるようにすることである。動物と植物では、抽象のレベルは同一だが、動物と哺乳類では抽象のレベルは、哺乳類のほうが一つ下である。一つの単語でも思い浮かべる抽象のレベルが異なれば当然、議論はかみ合わなくなる。特に「戦略」だとか「顧客満足」だとか、意味の広い単語や、「コミュニケーション」や「リーダーシップ」などのカタカナ語を使った場合は、たちまち議論のすれ違いが生じる。言葉の定義をしないまま議論をするからだ。

研修で、「生物という言葉を聞くと、何を思い浮かべますか」という質問をすると、生き物と答えて平気な人が意外にたくさんいる。こういうタイプの人は、「リーダーとはどういう人ですか」という質問に、「リーダーシップがある人」と答え、「ではリーダーシップとは?」というと、「人をリードする力」と答えるのみで、間違ってはいないが、何も説明していないことに気がつかないことが多い。世界史を履修しないのに履修したことにしてその時間を受験対策に使った高校が話題になった時期には、「物理、化学」と答えた人がいた。学科を思い浮かべた人と、牛、馬を思い浮かべた人の場合は議論しているうちに違いにすぐに気がつくので問題は少ない。しかし犬、猫でペットという分類を頭においている人と、秋田犬、ペルシャ猫などの個体を思い浮かべている人の違いはすぐにはわからない。そのため議論が相当進んでから、振り出しに戻るという現象がみられる。

新しい発想を生むためには、「どうして、だから、それならルール」に加えて「抽象の階段を揃えて議論をすること」をグラウンドルールとする必要がある。

12

「発見」をもとに軌道修正を行なう

チームに求められるのは、複雑な問題を解決するための方策を考え、実行することだが、問題が複雑だと、問題が発生した理由や要因がたくさんあるため、どこから手をつけてよいのかわからない。そのため問題点の整理や対策の優劣についての議論に時間を費やし、なかなか実行に至らないことがよくある。ようやく解決案の実行に取りかかっても、正しいと思った答えが間違っていたといったことも起こる。問題点の分析、対策の検討、実行、結果の検討といった通常の方法では、時間がかかりすぎてしまう。

どうすればよいのか。

「狙ってから撃つ」ではなく「撃ってから狙う」

複雑な問題に取り組む場合は、正しい答えに到達するまでには、紆余曲折があるのが当然と考えて、とりあえず正しいと思われる方向に歩き出し、歩いているうちにわかったことにより、方向を修正していくという方法が適している。この方法を「撃て、（それから）

狙え」と表現する。

通常、敵がどこにいるかわかっているときは、狙ってから撃つ。しかし敵がどこにいるかわからないようなときは、撃ってから狙う。敵がどこにいるかわからないので、まず敵が潜んでいそうだと思われる場所に向かって撃ってみる。撃ち返してくれば、そこに敵がいることがわかるので、撃ち返してきた場所を狙って弾を撃てばよい。撃ち返してこない場合は、そこは「敵がいるかいないかわからない」ということである。これまでの戦闘を通して、敵の戦力がある程度明らかになっていれば、「敵のいる場所」「敵のいない場所」「いるかいないか不明な場所」の三つをつき合わせることにより、敵のいる場所を推定できる。つまり「撃て、狙え」とは、経験してわかったこと、発見したことから学ぶという手法である。

チームを運営する場合も、議論が錯綜してどれが正しいかよくわからないときは、一つの案をとりあえず正しいと仮定して、議論を進めたり、実験をしてみたりするのがよい。それで不具合なことにぶつかったら、再び別な案を正しいとして対策を進める。仮説を立てて検証するというよりは、実行してみてうまくいかなければ直すという、わかったことにすばやく対応することに重点をおくやり方である。実際にやってみてうまくいかなければすぐ変更する。その意味で、「撃て、狙え」は、複雑な問題に取り組む場合に適した考え方である。

「撃て、狙え」は、違う言い方をすれば、「歩きながら考える」という方法になるが、やみくもに歩くことを勧めているわけではない。まず初めに敵がいそうな場所を撃つ。歩く場合も、「遠くがみえそうな高台」をめざして歩かなければ意味がない。高台に登ってみて、そこからみえたことにより進むべき方向を考えるためである。チーム運営の場合でいえば、課題の解決案をみつけるのに役立つ「中間目標」が、遠くがみえる高台に相当する。これがわかれば解決案もみえてくるような物事のことである。

もっとも、遠くがみえると思って登ってみたら、前にもうひとつ山があり、見晴らしがよくなかったとか、別な高台に、競争相手が登りはじめたのがみえたとかいったことが起こるように、問題は、中間目標の選び方にある。中間目標の選び方が悪いと目標は達成できない。それゆえ、「撃て、狙え」方式を採用する場合は、中間目標の設定に知恵を使うとともに、行動してみてわかったことでチームの進む方向を柔軟に変更することに、あらかじめメンバーの了解を得ておく必要がある。そうでないと、方向が定まらないとか、定見がないなどの批判が出てくる。問題解決の目標に向かってまっすぐ進むのではなく、じぐざぐ進むのが普通と理解してもらわなければならない。

役割分担は「変更あり」が原則

変えなければいけない状況があり、そのために人を集め、目標を説明し、メンバーが目標を理解したとしても、それだけではチームは動き出さない。メンバーそれぞれに果たすべき役割が割り当てられなければならない。そのためにはまず各人に、チームの目標について理解してもらう必要がある。

目標によって、どのような役割が必要となるかは異なる。富士山に登るチームに必要な役割と、エベレストに登る登山隊に必要な役割の種類は当然、異なる。したがって目標が決まらないと、どんな役割が必要かも決まらない。それでは役割を振り分けることはできない。そこで「撃て、狙え」方式では、最初の中間目標を決めてそれに向かって歩き出すにあたり、「役割分担は変更することがある」という前提で、とりあえず役割を振り分け、仕事をはじめる。

先に、チームができるプロセスの説明で、立ち上げ期、混乱期、平常化期の三つの局面について説明したが、立ち上げ期は、とりあえず歩き出したところといえる。その後、目標の設定や目標に到達する手段などについて意見が分かれ、どうして?、だから、それならといった議論が行なわれることになる。混乱期である。

しかし、議論を重ねるうちに次第に、目標や仕事の手順がメンバーに理解されはじめる。目標が共有されはじめたのだ。平常化のはじまりである。目標が共有化されれば、それぞれの専門分野で何をすればよいかを自律的に判断するので、役割分担の変更は無理なく行なえる。役割分担をとりあえず行なうとは、目標が共有化されるまでのことである。その後は、中間目標を達成してみて、進むべき方向はこっちだとわかれば、それにあわせて役割分担を変更することになる。とりあえずではなく、わかったことに応じた軌道修正である。

役割分担は、最初から固定的に考えるのではなく、チームの進化とともに、あるいはチームの進行方向が変化するとともに、決まってくるものと考えるべきなのである。

チームの進むべき方向が定まってくるにともない、「問題の解決には、こういう方法もあるのでは」とか「手順は、こうするほうがよいのでは」といった新しい提案も生まれてくる。再度、現状を見直す必要が生じ、変えるときに必要な力、リーダーシップが求められる。

リーダーシップというと日本では、先頭に立って指揮命令する人を思い浮かべてしまうが、この場合のリーダーは、答えをもっていることを前提としている。答えがすぐにはわからない複雑な問題に取り組むときには、問題解決に役立つと思われる人々を集め、「どうして」「だから」「それなら」という言葉が飛び交う場を用意し、異なる意見をぶつけ合うことによって解決案を生み出すよう配慮するのがリーダーの仕事になる。先頭に立つのではなく、どちらかというと裏方が役割だ。そこで、少しだけリーダーシップの理論について説明しよう。

「先頭に立たないリーダーシップ」という考え方

もともと、リーダーシップは「仕事の効率を上げるにはどうしたらよいか」を知るために研究が始まった。業績の良いチームと悪いチームはどこが違うのか、リーダーは何をしなければいけないのか、などを調べたのが最初である。その結果、「細かいことをいわないで任せるリーダーがいるのが良いチームで、がみがみいうリーダーがいるのは悪いチーム」「リーダーは、自分の役割と部下に期待していることをわかりやすく説明すると同時に、部下を元気づけるよう行動する」などがわかった。

ところがその後、がみがみいうのは業績が悪いからで、良ければその必要がない。「リーダーの役割は状況によって異なる」「いくら説明し元気づけても、リーダーが信頼されていなければ、部下は実行には移さない」などの疑問が生まれ、その研究の過程でリーダーシップは、もっと複雑で多面的な姿を現わしはじめた。「リーダーシップはリーダーとフォロワーの間の関係で、リーダーになるのは信頼性の貯金が必要」「チームのために努力していると信じられてはじめてリーダーになれる」などである。

一方で、チームに貢献する行動によってリーダーへの信頼が生まれるのでは、何やら物々交換か取引のようでおもしろくない。リーダーの行為の見返りとしてフォロワーに協力してもらうのではなく、大きな変化をつくり出すためにフォロワーに働きかけるのがリーダーの仕事と考える人も出てきた。「変革型リーダー」の誕生である。時代背景も、資本主義と社会主義のどちらの体制が効率的かを問うものから、アメリカ、ドイツ、日本といった同じ資本主義国間の競争へと移りつつあった。

効率第一の時代は、現場の組長さんたち下級マネジャーを調査・研究の対象としていたが、リーダーシップのが概念を大きく変えるとなると、課長以上の上級マネジャーを対象としなければならない。そうすると別なものがみえてきた。たとえばリーダーシップとマネジメントの違いや人的ネットワークのつくり方などである。また、「リーダーシップは、何かを変えるときに必要なもの」という視点に立つと、変えるには、いろいろな階層にリーダーが必要だとか、進むべき方向を示す大きな絵だけでなく、その絵がいかにすばらしいかを説明する伝道師がいる、などが明らかになってきた。

しかし、いくら大きな絵があり伝道師がいても、実際には変化はなかなか起こらない。指示するのではなく、実行をサポートする人が不可欠なのだ。指揮命令型とは異なるタイプのリーダー、先頭に立たないタイプのリーダーが必要なのである。フォロワーを協力する気にさせる人や、組織内を広く動き回って同じような考えをもつ人のネットワークをつくる人、個別の議論や行動が全体の動きと連動するように中立的な立場で支援する人などであり、先頭に立たずにチームをリードする人である。チームビルディングの技術をもつリーダーといってよい。

リーダーの役割は場面により異なる

コロンビア大学のマイケル・J・フェンロン教授によれば、リーダーには四つの顔があるという。

①大きい組織を率いる場合
②個人として振る舞う場合
③コーチとして指導する場合

④グループをリードする場合

この四つの場合ごとにリーダーの役割は大きく異なってくる。チームでは、主役は持ち回りで、適宜リーダーシップをパスしていくことになるので、②から④までの役割が必要になる。チームのリーダーとして大切なのは、どのあたりで何が起こりそうかをあらかじめイメージしておくことである。歩きながら考えるとしても、初めに考えておいたほうがよいことはあるのだ。

立ち上げ期に留意しなければならないのは、目標がみんなに明確になったかどうかである。細かいことは別にして、どの方向に進むかは押さえておく。そのためには、チームがつくられた理由が十分理解できていなければならない。事務局の説明が不足であれば、みんなに代わってそのことを指摘しなければならない。場合によっては事務局に代わって説明できなければならない。

混乱期は、対立を先送りしないよう議論を導くことが大切になる。そんなことはやっても無駄だとか、結果はみえているという議論の壊し屋や、それって結局こういうことだろうとアイデアを勝手に狭い範囲に押し込んだり、アイデアの差異を無視してしまう議論のまとめ屋を抑え込むことに注力しなければならない。

平常化期には、変える手順についても合意ができたかどうか、グラウンドルールが決まったかどうかを観察する。この二つが決まらないのに事態だけが進行するようであれば、みんなの関心をもう一度、この問題に引き戻さなければならない。

活動期に入れば、「どうして、だから、それなら」ルールが活躍しているかをみながら、見本を示したり相談に乗ったりする。どちらかというと裏方的な活動が中心となる。

終息期はもっともリーダーシップを発揮するときで、何を引き継ぐべきかを決めるとともにメンバーに、職場に戻ってからすることを考えさせなければならない。後者をリエントリープログラムと呼ぶが、これについては次のⅢ章で詳しく述べる。

以上のようなことを想定した上で、中間目標の達成状況などをみながら、活動を通して発見したことにもとづいてリーダーは柔軟に軌道を修正していくことが求められる。

チームの発展段階によってリーダーのとるべき役割は異なる。「リーダーとは先頭に立ってやる人」「リーダーは率先垂範すべし」というような単純な理解では、とてもリーダーの責任は果たせないのだ。

III

どうすれば
人を育てる
チームに
なるのか

❖Ⅲ章のポイント

現代の競争は長く続くものなので、勝っても負けても一試合ごとに強くなるような工夫をしなければ、生き残るのはむずかしい。そのためには一仕事、終わるごとに経験を振り返り、チーム力の強化につながる教訓を引き出す必要がある。Ⅲ章では、経験から学ぶときの留意点と、人を育てる上で配慮すべき事項を整理する。

❶経験と理論をつなぐ仕掛けを考える

経験から学ぶには、「刺激」「反応」「統合」の三つの局面を経る必要がある。理論を学んだだけでも、実践だけで理解しようとしても、実際には役立たない。理論と実践を行ったり来たりして考えることが大切である。また、言葉だけでわかった気にならず、その言葉が使われた前後関係を考慮に入れなければならない。

❷経験を整理し、次の仕事に活かす

チームが経験から学ぶためには、経験を自分の言葉に引き直した「ああ、そうだったのか」（Ah-Ha）を整理しておき、それを次の仕事にどう活かすかの計画を立てるのがよい。

❸負けたときのほうがよく学ぶ

うまくいった場合と失敗した場合では、失敗したケースから多くを学ぶことができる。歴史は、負けたほうがよく学んだ例に満ちあふれている。だから失敗をおそれてはいけない。

❹決めつけず、期待して鍛えよう

活動を通して人を育てることがチームの役割のひとつだが、人を育てるには、成長を応援する「育てる力」と、自ら成長しようとする「育つ気持ち」が揃わなければ、うまくいかない。

❺チームの責任はロールモデルの提供

どういう人生を送りたいかがはっきりしてくれれば、人は自然とそれに向かって努力する。何が自分に適しているかを気にしすぎず、おもしろければ自分に適していると考えるべきだ。チームはいろいろなロールモデルを提供してくれるので、それを十分活用したい。

❻一皮むける体験の機会をつくる

「育てる力」と「育つ気持ち」があっても、経験から学習できる場がないと成長できない。大きく成長するには、むずかしい局面を切り抜けて一皮むけるような体験が特に必要である。そこで、育てる目的で実施するローテーションには工夫が求められる。強いチームには、蓄積された教訓と手本になる先輩がいるので人が育つ。成功に勇気づけられ、さらにむずかしいテーマに挑戦するようになる。過去の経験から学び、多くの育つ場を提供できる強いチームをめざさなければならない。

13

経験と理論をつなぐ仕掛けを考える

現代の競争は、勝ちパターンは定まらず、新しい競争相手が次々と市場に参入してくる。優秀なチームといえども勝ち続けることはむずかしい。すでに述べたように、市場にプレーヤーとしてとどまるためには、「五勝三敗」程度の成績が必要になる。三勝五敗なら三勝の勝ちが大きく、五敗の負けは軽微でなければならない。したがって勝っても負けても、一試合ごとに強くなるようなチームでなければ、そのような成績は望めない。

一試合ごとに強くなるためには、経験から学べなければならない。ところが一般に大人は、子どものように、経験から率直に学ぶことが必ずしも上手ではない。これまでの経験によって創られた自分の考え、持論が、学習を邪魔するからである。

「刺激」「反応」「統合」の学習三局面

学習とは、刺激を受けたことに反応し、行動様式が変化することだが、「自分は、営業の経験二十年。いまさらマーケティングの勉強なんて」とか、「この業界のことは私がいちばんよく知っている。半導体業界の話なんて参考にならない」という人が時々、みられる。こういう態度では、新しい経験という刺激があっても古い経験が邪魔をするので、行動様式は変化しない。学習は起こりにくい。

大人が学習するのは、新たな経験という刺激により、「この経験は役に立ちそうだ、持論は修正が必要だ」と感じたときである。そう思うことができれば、自律的に学習をはじめる。その結果、「自分が経験したことは理論に照らすと、こういうことなのか」といった経験と理論の統合するAh-Ha（「ああそうか！」は英語でAh-Haと表現される）が起これば、経験は邪魔をするのではなく、学習を応援するほうに回る。したがって経験と理論がぶつかり合う機会をつくる工夫が必要になる。その工夫のひとつが3Dラーニングである。

3DラーニングのDは、ディメンジョナル（dimensional：次元）の頭文字で、学習には次の三つの次元を通過する必要があるとする考え方である。

①知識、スキルを学ぶ（刺激）
②刺激を受けたことにより心が動く（反応）
③心が動いたので知識、スキルを実際場面で使ってみる（統合）

込み入った理論のように思われるかもしれないが、これは多くの人が小学校や中学校で経験ずみのことである。先生が好きだとその学科が得意になるという現象だ。

・算数を習った

・先生が好きなので、先生に認められたいと思った

・それで予習、復習をした

結果、算数ができるようになり、自信もついた。これである。

従来の教育プログラムは、①の知識やスキルの付与に重点がおかれ、②や③の局面が軽視されてきた。大人に学習させるためには、大人の学習の特徴点を踏まえた上で、３Ｄラーニングの考え方をカリキュラム編成の際に十分に考慮することが必要である。大切なのは、心を動かすことと、勉強したことを実際の場面に適用する機会をつくることである。「心が動く」とは、与えられた情報や知識という刺激に、肯定的に反応するという意味ではない。否定的に動いてもかまわない。驚いたり、混乱したり、怒ったりするのでもよい。刺激を現状に対する挑戦と受け止めてもよい。たとえば講演を聞いて、「講師はグローバルな視点をもたなければいけないというが、私の仕事は国内中心なので、グローバル化は関係ないのでは」という反応がそれである。しかし、この刺激のおかげで、従来の考え方を振り返り、何を変えなければいけないか、などを考えはじめることになる。

同じ講演を聞いていても、仕事や役割に関連性が薄いと思ってしまったら、実際の場面に使ってみる行動は生まれない。「これは、自分にとって重要な情報かもしれない」と、初めに心が動くことがなければ③の局面が生まれず、期待する行動の変化も起こらない。単に講演を聞いたというだけにとどまってしまう。

理論だけでも実践だけでも不十分

習ったことを実際の場面で使ってみることも重要である。勉強した理論は、実際に使ってみてはじめて理解できる。現実の場面にあてはめてみると、理論の十分でない点にも気づくし、自分の勉強の足りない部分にも気づく。理論と実践の間を行き来することが、能力の向上には不可欠である。理論だけでも、実践だけでも、不十分なのだ。

欧米の場合は、理論と実践を行き来する仕掛けが社会インフラ上、整備されている。ビジネス教育のケースで考えてみよう。

大学を卒業して仕事につく。欧米では職種別採用が主流なので、大学で勉強したことが仕事のベースである。仕事をある程度経験し、お金を貯めたらＭＢＡをとるためにビジネススクールへいく。戦略論やマーケティングの知識を習得し、マネジャー職につく。さらに仕事をするうちに、戦略論やリーダーシップ、部下の扱い方や専門分野に関する最新知識などをもっと知りたくなり、各大学が提供する社会人向け、専門家向けの単発プログラムを受講する。MBAの資格をもたず、体系的な知識の不足を感じる人は、エグゼクティブMBAと呼ばれるマネジャー向けのコースにチャレンジする。そのうち事業部長などの地位に昇進する。そのなかの優秀層が選ばれてシニアエグゼクティブ・プログラムと呼ばれる選抜教育コースに派遣される。再び勉強である。職場に戻って仕事につき、競争を勝ち抜いてCEO（chief executive officer：最高経営責任者）、COO（chief operating officer：最高執行責任者）になる——。

理論を学ぶ場面とそれを仕事に使う場面が交互になるよう教育プログラムが準備され、大学、大学院、エグゼクティブ教育といった社会的教育インフラストラクチャが整っているのだ。日本の場合は、MBAプログラムこそふえてきたものの、大学のエグゼクティブ・プログラムはまだあまり整備されておらず、経団連や能率協会、それぞれの企業の研修所などがその役割の一端を担っているにすぎない。そもそもビジネスパーソン側に理論と実践を往復しなければいけないという受け止め方が希薄である。

言葉だけでわかった気になるな

刺激を受けて、肯定的であれ否定的であれ反応する場合、自分の言葉で考えることが大切である。講演で「グローバリゼーションの進展によって価格の平準化が進む」という話を聞いて、では自分の仕事はどんな影響を受けるのかを考えるとき、講師の言葉でそれを考えても学んだことにはならない。「インドに製品を売るにはどうしたらよいか」「ソフトウエアの制作をインドに依頼することでコストを削減できないか」などと、身近な問題に引き直してグローバリゼーションを考えてみる必要がある。

経験という刺激を受け、そこから学習する場合も同様である。「コミュニケーションをよくしなければならない」などと人と議論する場合、自分のいうコミュニケーションとはなんのことかが自分でよくわかっていないと、相手に説明できないし、話も行き違う。もっともよくないのは、コミュニケーションという単語を使っただけでお互いわかったような気になってしまい、実際は何が悪かったのか、何を改善すべきか、なんのためにコミュニケーションをよくしなければならないのかなどが十分に議論されないまま終わってしまうことである。コミュニケーションがよいというのは、どういう状況のことか、コミュニケーションが悪いとはどんな問題が起こったときのことかを、具体的に自分の言葉で考えた上で、相手に説明しなければ話は進まず、学習にはならない。

筆者が工場の勤労課長だった時代に、「今年の大卒はコミュニケーション能力がない。

もっと導入教育をしっかりやるべきだ」と苦情をいってきた設計の課長さんがいた。話を聞いてみると、状況は次のようであった。

残業時間に七～八人が残って仕事をしていた。夏の暑い盛りだったので、現場実習が終わって課に配属されたばかりの新人に一万円札を渡し、「食堂にいって、みんなにアイスクリームを買ってきてくれ」と頼んだという。そうしたら一万円分、全部、アイスクリームを買ってきてしまったとのこと。課長が文句をいう理由はわかるが、コミュニケーションは双方向なので片方だけに問題があるわけではない。そこで、次のように答えた。

「確かにコミュニケーション能力の問題だ。しかしなぜあなたは頼むときに、みんなに一つずつアイスクリームを買ってきてくれ、バニラにするかチョコレートにするかはきみに任せる、おつりはぼくに返してくれという頼み方をしなかったのか。そういう言い方をすれば、誤解は生まれなかったはずだ。人に仕事を頼む場合、頼んだことは何かを明確に表現し、その上で、相手の判断に任せることとそうでないことの区別をつけ、報告すべきことをあらかじめ指示しておくのが基本だ。もっと相手をみて話すべきじゃないか」

自分の言葉が相手に伝わるとは限らないという用心は、いつの場合も必要である。言葉だけでわかった気になっては困るのだ。

キーワード理解と文脈理解

選抜課長研修の講師を十年以上担当して気がついたことに、「最近の課長はグループ討議がうまくできない」がある。筆者が北海道大学の修士・博士課程の学生にキャリアについての授業をしていた際も、グループ討議が上手でないことには気づいていたが、数年前から急に、課長研修でもグループ討議が滞るようになった。議論を闘わせなくなったのだ。

共通の原因はいくつか考えられる。「自分に自信がない」はそのひとつだが、自信がないのは意見をぶつけ合う経験が乏しく、自分の意見がどの程度受け入れられるのかがわからないからで、受け入れられるよう必死に努力した経験も薄いからである。自信がないので議論に際し、反対意見や修正意見を述べるのを避ける。反対意見をいうと相手を傷つけるのでは、という感じ方もそれを助長する。しかし最大の理由は、何かを理解する際のやり方が、キーワード理解であって文脈理解ではないという点だ。使う言葉の意味が異なって理解されているため、議論がかみ合わないのだ。このことは薄々気がついていたが、一部の人の特徴と思っていた。そうではないと教えられたきっかけが、e-leaningの導入である。

筆者が開発したe-learningは反転学習のツールとしてつくられていて、クラスでの授業の予習になっている。クラスに参加するにはe-learning修了が条件で、理解度テストが二回ある点が普通のツールとは異なる。一章と二章を学習した後に一回目の理解度テストがあり、これに合格しないと三章に進むパスワードがもらえない。三章と四章を学習した後、二回目のテストを受ける。これに合格してはじめてe-learning修了となる。また、テストは二回不合格になると追試を受けなければならず、別なパスワード申請が必要になる。

理解度テストなので、ノートをとりながら読むといった努力をすれば、合格するはずのものだが、キーワード理解（自分のもっている知識や理解の仕方で、テキストに書いてあることはこうだと勝手に決めてしまう）だと引っかかるようにつくられている。

筆者はキーワード理解、文脈理解について、以下のように考えている。キーワード理解とは、日本の話をしているなかでの、「いちばん高い山は？」という質問に、「エベレスト」と答えるケースをいう。言葉の定義や使われている前後関係をよく把握せずに、自分の解釈で、いちばん高い山＝エベレスト、と反応してしまうことだ。これでは、教えようとしたことが十分伝わらない。

このe-learningを現在までに約二百人の課長が受けているが、どのクラスも成績の分布は次のとおりで、全体の八〇％の人は、多かれ少なかれキーワード理解の傾向ありという結果だ（図表2参照）。

図表2　**文脈理解はあまり得意ではない？**

		A	B1	B2	C
第3回リーダーシップ入門	9名	2	3	2	2
A社	11	2	2	6	1
B社	10	4	1	2	3
C社	18	2	7	8	1
D社	21	6	4	6	5
選抜課長研修　11期	33	9	6	10	8
12期	32	6	10	9	7
13期	32	8	6	6	12
合　計	166	39	39	49	39
割　合		23%	23%	30%	23%

注：e-learningのこれまでの修了状況

・A（二回のテストとも一回で合格）　二〇％
・B1（第一テストの合格まで二回以上かかったが、第二テストは一回で合格）　三〇％
・B2（第一テストは一回で合格したが、第二テストは合格までに二回以上）　三〇％
・C（二回のテストとも、合格までに二回以上かかった）　二〇％

キーワード理解の問題点は、たとえば「効率向上」を目標と掲げた場合、「効率向上」についてのすり合わせをしなければ、各人の解釈が異なるので、効率向上のためにやらなければいけないことの理解もばらばらになってしまう点にある。このため世代が異なったり、仕事や地位が多様であったりすると、コミュニケーションがうまくいかない。「働き方改革」が、本来の生産性向上という文脈からはずれ、「長時間残業の削減」に短絡してしまうといったケースも同様だ。

キーワード理解では、部長の言葉は正しく課長には伝わらず、課長の指示は担当それぞれが異なって受け止めてしまう。仕事を効率よく実行するためには、チームとしてメンバーの上下左右の良好なコミュニケーションが求められるばかりでなく、仕事が異なるチームとのコミュニケーションも良好でなければならない。キーワード理解は、それをさまたげるのだ。

機械の自動化やロボットの発達が作業者から単純作業を奪ったように、ＡＩも人から仕事を奪うと予想されている。人に残る仕事は、ＡＩが得意でない文脈理解を必要とするものだ。だが現状は今後、人が担当する仕事という視点からみても大いに問題である。一つの言葉の理解が人によって異なることは、本をよく読んだり、立場の違う人と議論したりしてみないと気がつかないものである。現在の課長層は、そのどちらも得意ではないというのが、筆者の印象である。早くキーワード理解の問題点に気がついてもらいたい。

14

活動を振り返って Ah-Haを整理する

後からつけ加えられた「終息期」

Ⅱ章7でタックマンモデルを紹介し、チームが本格的に活動する時期に入るまでには立ち上げ期、混乱期、平常化期という三つの局面があると述べた。平常化期の後には、チームがチームとして機能しはじめる「活動期」(performing)が訪れる。この時期になればチームの運営も安定し、それぞれのメンバーがフル活動して結果を生みはじめる。やがて期限がきて、チーム活動の結果をまとめ、チームは解散となる。

チームビルディングのプロセスの研究は、初めは活動期までで終わっていた。しかしチームをつくった目的である「一人ではつくり出せない変化をつくる」に照らすと、チームの解散の時期にやらなければならないことはたくさんある。このチーム解散前の活動の重要性に気がついたので、タックマンは一九七七年に活動期の後に、「終息期」(adjourning)をつけ加えた。現代の競争は、一回限りではなく長く続くことから、勝ち続けるのはむずかしい。三勝二敗でも二勝三敗でも、プレーヤーとして市場に残ることができればよしとせざるをえない。その意味からも、タックマンが終息期を付加したのは、ポイントを突いている。終息期の最大の特徴点は、活動を通して発見したことの整理である。

反省会ではなく、Ah-Haの発掘会

次のチームに引き継ぐべきことを整理するには、まず活動を通してわかったこと、わからなかったことを振り返る必要がある。わかったことのなかには、うまくいったこともうまくいかなかったことも含まれる。まずは、メンバーのそれぞれが、数値データなどで具体的にわかったことと、Ah-Ha（ああそうか！）の両方を披露する必要がある。そしてAh-Haがたくさんあれば喜ばなければいけない。Ah-Haが少ない場合は、たとえチームの目標は達成したとしても、反省しなければならない。目標が低くチャレンジする度合いが不足していたか、活動に対する身の入れ方が不足していたのだ。

反省すべきはAh-Haが少なかった場合だけで、それ以外は、チーム活動の成果をわかったこととして机の上に積み上げて、「よくやった」とメンバーの健闘をたたえ合う。やってきた道のりを振り返り、むずかしい問題に取り組んだ後の余韻を楽しむ。反省会ではなく祝勝会が大切である。

そしてメンバーの間にでき上がったネットワークをチーム解散後も維持することをお互いに確認する。「Aさんの仕事は、プロとして一流だ」「Bさんはこの分野にはとても詳しい」などと、お互いに腕前を認め合った人のネットワークは貴重である。仲間同士のきびしい評価がないところには、高い技術は生まれない。尊敬する先輩にほめられればとてもうれしいが、腕前がそれほどでもない先輩にほめられても、あまりうれしくないのが普通である。だから、評価できる人は大切なのだ。

お互いに認め合う関係にならないと、本当の評価は聞かせてもらえない。ビジネス上の競争も長く続くが、キャリアの追求も長く続くので、「目標は達成したけれど、部下の育成という点ではもう少し工夫できたのではないか」などと本音の思いを教えてくれるネットワークは個人にとって大切な財産となる。

次に実行するのは、わかったことの評価である。うまくいった理由、うまくいかなかった理由を吟味し、次に何を引き継ぐかを整理する。ただし整理の仕方は、成功・失敗の二分法ではなく、次回も勝つために維持すべきこと、改善すべきこと、この点を修正すれば次は勝てると思われることといったように、「競争に勝つことにつながると思われる要因順」である。競争はきびしい。競争相手も研究してくるので、今回勝った理由が維持できても次に勝てるとは限らない。さらなる工夫が必要である。

Ah-Haを文章化し、引き継ぐものを選ぶ

「ああそうか！」とわかったことの多くは、たいていは暗黙知に関係するものである。自分でやってみて、たとえば「マニュアルに書いてあった切削速度に注意するとはこういうことなのか」とわかったことがAh-Haで、文章を読んで理解していたことと、やってみてわかったことの間には微妙な差がある。マニュアルにはすべてを書ききれないのだ。

一方、受け取る側にもいろいろなレベルがある。そのため新人には新人向けの説明、ベテランにはベテラン向けの説明が必要になるのだが、多くの場合、マニュアルが想定するのはその中間であるため、新人もベテランも、時に間違える。それぞれのレベルでAh-Haを整理し、文章化する意味がここにある。

Ah-Haのなかには、一流のプロ人材とはこういう人のことか、こういう考え方をするのか、こういう勉強の仕方をするのかなど、お手本から学んだ生き方に関するものも含まれる。チーム活動が学習に有利な理由は、お手本になる人と一緒に仕事ができることで、これを利用しない手はない。

筆者はＣＳＥＰでたくさんのAh-Haを体験した。そのひとつがグループ学習の効果につ

いてである。当時のノートには、「仲間が学習したことからも学習できる。もっとこのことを重要視しなければならない」とのメモが残っている。

困ったときに仲間からよい助言をもらうためには、チームの一員として仲間に一目おいてもらえる存在になっていることが必要だ。「なかなかやるな」という存在であれば、メンバーからアドバイスも求められるし、逆にアドバイスを求めることもできる。世界中から集まったエリートは、表面的には親切だが、本当のところは自分にも仲間にもきびしく、仲間であればだれにでも助言するというわけではない。頼りになる仲間だからこそアドバイスもするのである。

学習グループの一人であったフランス人の女性上級マネジャーは、グループで勉強することの意義をあまり感じていなかったためか、グループ討議でもあまり発言せず、夜はすぐに自室に戻ってしまうのが常だった。

プログラムの最後の部分で、自分のリーダーとしての信条をまとめてみんなの前で発表するという課題があった。これは、自分自身について内省し、リーダーシップ訓練により習得したリーダーの役割についての自分なりの理解、自分が直面する課題などを整理した後の「まとめ」としての総合課題であり、学習の成果が問われるので、みんな自分らしいものにするべく苦労した。

このときに助けとなるのがチームの仲間のコメントである。お互い相手の状況は、これまでの討議を通して理解できているので、「きみのおかれた状況からして、それでは部下を引きつける魅力に不足する」とか、「信条が生まれた背景の説明が不十分だ」とか、役に立ちそうなコメントをお互い出すことができる。ところが彼女の場合は、討議に十分参加しなかったので、彼女が内省した内容も、リーダーについての意見も、直面する課題も、彼女が受けた三六〇度評価の中身も、仲間はよく知らないのでコメントがむずかしい。それで、コメントを求められたとき、「あなたのことはよくわからないのでコメントできない」と答える人が続出した。みな自分の課題に取り組むのに忙しく、同じグループというだけでは、彼女に親切にする理由にはならないのだ。

発表では、リーダーとしての信条と、そういう信条をもつに至った理由を説明することが求められていた。彼女の信条は、「仲間を大切にする」というものであった。発表の内容は、次のようなものだった。

「CSEPにくるまでは、リーダーは個人として強いことが大切で、仲間のようなものはあまり必要としないと考えていた。しかし、ここにきてそうでないことがわかった。まわりの仲間は、いろいろなことをお互い学び合っていた。自分は仲間に溶け込む努力を怠ったので、仲間から学ぶことが十分できず、後悔している」

発表の途中で、彼女は「本当は、自分も仲間になりたかったのです」といいながら泣き出してしまった。だがこの率直な発表で彼女に対する評価は一変した。正直であり、事実を認めるのに勇敢であったということで、卒業式の二日前に無事、仲間に一目おかれる存在になった。彼女の行動から、仲間になりたいとは思っていないと判断し、彼女に関心を払わず、彼女が苦労していることを見過ごしてしまったことを、他のメンバーが大いに反省したことはいうまでもない。彼女も学んだが、他のメンバーも彼女から学んだのだ。

チームの活動の結果は、報告書、発表会、マニュアルの改訂、教育プログラムなどによって引き継がれる。だがその前にしなければならないことがある。それが、引き継ぐものの選定である。

課題のむずかしさを見極める

文章化されたAh-Haのなかから、次に引き継ぐものを選ぶ場合、まず検討しなければいけないのは、「振り返ってみて、課題のむずかしさはどの程度であったか」である。むずかしい目標であったが、チームワーク効果のおかげで達成できたのか、それとも思いのほかやさしいテーマだったのかによって、選び方も違ってくる。後者の場合は、Ah-Haの選別基準を厳しくする。他のケースに役立ちにくいものもあるからだ。

これまで研修で使ったビジネスゲームでも、選択した戦略がすぐれていたために勝った場合と、戦略はあまりほめられたものではなかったが、競争相手の戦略が稚拙なために勝ってしまった場合は、半々程度であった。相手がヘボなので勝ったにもかかわらず、自分たちが優秀であったと勝因分析をするチームが時々出るが、これでは合格点はもらえない。

同様に、課題が思ったよりむずかしくなかった場合は、目標は達成したが、チームの活動は十分でなかったというケースもありうる。したがって間違ったAh-Haが含まれる可能性がある。成功要因・失敗要因という単純な二分法では、勝ちにつながる要因を正確に把握することはむずかしい。次に勝つためには何が必要なのか、本当にチームワーク効果を発揮することができたかどうかを深く考え、チームとして引き継ぐもの、個人として引き継ぐものを選ばなければ、経験から学習することはできない。

「一〇〇日プラン」を用意する

ここまでの作業を通じて、よくやったとお互いの努力をたたえ合い、築いたネットワークを今後も維持することを約束し、次も勝つために必要な要因を整理し、チームとして引き継ぐべきことを決め、発見したAh-Haを文章化した後は、いよいよチームが解散し、元の職場に戻ったときにするべきことを整理した計画表をつくるだけである。この計画表を「大気圏再突入計画、リエントリープログラム」と呼ぶ。

宇宙と地球を往復するシャトル計画などから生まれた言葉である。従来の教育プログラムでは、ともするとこの部分は受講生任せになりがちだが、3Dラーニングでいえば、習ったことを実際の場面に使ってみる局面であり、重要な部分となる。職場に戻る前に作成するのは、職場に戻ればたちまち仕事に巻き込まれ、計画をつくる時間はすぐに失われてしまうからだ。

計画は、三ヵ月間程度を対象にやるべきことを日付も入れてリストアップするのがよい。三ヵ月程度であれば習ったこともまだ頭に残っている。切りよく「一〇〇日プラン」としよう。報告書の作成、報告会、発表会など、単にチームとしての公式の行事を並べたものではなく、発見したAh-Haを自分のキャリア形成にどう活用するか、同僚や部下に学習したことをどう伝えるかを中心とするプライベートな計画表である。たとえばもっと戦略的に物事に取り組むべきだと気がついた場合は、「戦略的に業務を進めるための一〇〇日プラン」といった表題の計画になる。この場合、子どもの誕生日、運動会などの私的生活が業務に影響を与えることは当然なので、それらを計画に取り組むことも必要になる。減量や運動など健康管理に関する項目も入れるべきである。

計画は、計画の拠点日、終了日を定め、第一日目は何をするか、第一週のうちにすべきことは何かなどと決めていく。部下との飲み会も、三週間以上前にアナウンスしておく配慮が必要である。そして一〇〇日目には、次の一〇〇日で何をするかを考える。計画どおり実行できたときに自分に与えるご褒美、たとえばゴルフクラブを買い換えるとか、高級ウイスキーを買うなどと決めておくのも有効である。実行を担保するために、でき上がった計画表を上司に渡したり、奥さんに渡したりするなどの工夫も大切である。

これまで、リエントリープログラムの作成を指導してきた経験からいうと、計画が起点日からはじまるようではたいした計画にはならない。起点日マイナス三日とかマイナス二日とかに、やるべきことが入ると、実行可能な計画になることが多い。

第一日目にすることとして、絶対に必要なのは、不在の間、仕事をカバーしてくれた上司、同僚、部下に感謝し、お礼をいうことである。プロジェクトチームなどに入って仕事をするという学習の機会を与えてもらったことにお礼をいうことを忘れてはいけない。残念なのは、最近はこの点に気がつく人が少なく、少し心配である。

15

負けたときのほうがよく学ぶ

おもしろい経験は学習もしやすい

勝っても負けても経験から学ばなければならないが、経験から学ぶ場合、おもしろい経験からは学習しやすい。心が動くし、実際の場面でも使ってみたくなるからだ。したがって経験から学習するチームをつくるには、おもしろい経験をたくさんつくればよいことになる。

「おもしろいこと」と「楽しいこと」は同じではない。おもしろいことには、苦しいことも含まれる。非常に苦しい経験も、時間が経つと苦しさは薄れ、おもしろいものに変わる。たとえば困難に直面し、それに果敢にチャレンジした場合などである。困難に潰されて逃げ帰った場合は、苦い思い出として残り、おもしろいものには転化しにくい。

チーム活動でおもしろい経験をつくるためには、「目標設定」と「役割分担」が関係する。わくわく度の高い目標があり、各人に自分の力より少しむずかしい役割が与えられれば、おもしろいことが経験でき、その結果、学習が起こる。初めの目標の決め方は、学習の量にも影響する。わくわく度の高い目標とは、メンバーのチャレンジ精神を呼び覚ますむずかしさと、達成できたときの効果が鮮烈で、まわりの人が喜ぶ程度が大きいという二つの条件を備えた目標である。NHKのテレビ番組「プロジェクトX」に出てきたのは、すべてわくわく度の高い目標達成の物語である。

わくわく度が高い目標が設定できれば、チームをつくった理由の半分以上が達成できたといっても過言ではない。後は、チャレンジした経験ができるよう、各人に少しむずかしい役割を配分するだけだ。これは人を育てることとも関係している。おもしろい経験をつくることは、チームビルディングの基本である。

失敗をおもしろい経験に変えるには

一試合ごとに強くなるためには、反省もしなければならない。しかし三塁手がエラーしたため決勝点を奪われ、試合に負けてしまったような場合、「あいつがエラーしなければ負けなかったのに」と他の選手が思うようでは、強くはなれない。目標が共有化されていないからだ。

目標を共有化するとは、I章5でも説明したが、メンバーが自分の担当した役割について責任を感じるだけでなく、チーム全体の結果にも責任を感じる状態になることだ。

「サードがエラーしたとき、一打逆転のピンチを迎えてみんなが浮き足立っていた。落ち着いていこうぜとキャッチャーのおれは声を出すべきだった」

「自分の返球がそれていなければ、ランナーは三塁に進んでいなかった」

「その前の回に、自分が打っていれば二点差になっていて、もっと落ち着いてプレーできた」


こんなふうに、チームの他のメンバーが考えられれば、強くなれる。甲子園に出るような強いチームになるという目標は共有化されている。その上で、もっとランナーをおいた場面での守備練習をしよう、カーブを打てるようになろう、メンタルなトレーニング方法も取り入れてみようなどと、次の対策を工夫できれば勝つ可能性が高くなる。

チームはある意味で、結果によってつくられる。失敗と成功、いずれも成長の原因になりうる。しかし失敗よりも成功の経験のほうが、成長には有効である。小さな目標を達成することにより自信が生まれ、もう少し大きい目標にチャレンジする勇気が出る。反省にもとづいて取り組んだ練習方法の改善が、次の試合で勝つという結果につながれば、エラーで負けた経験は、練習方法の改善で勝ったという成功の経験に転化し、おもしろい経験になる。「サードがエラーしたので負けた」というのではおもしろい経験にはならないのだ。

おもしろい経験からは学習しやすいことには理由がある。前述の練習方法の改善の例を3Dラーニングの視点で振り返ってみよう。

ランナーをおいた場面での練習をもっとしたほうがよいという新しい「知識」と、試合に負けたので悔しい、がんばらなければという「心の動き」の二つがあり、その結果、熱心に練習するという「実際の局面への知識の適用」があったことになる。三つの局面を経過したのである。

この結果、「こういう場面でダブルプレーがとれる実力がつけば、勝てるようになる」と、ランナーを塁においての練習は、勝つことにつながる目標となる。I章4で説明したように、チームのメンバーにとって「明確な目標」になったのだ。練習を積んで力がついたと自信がもてると、負けたチームあるいは負けたチームと同等レベルのチームと、もう一度試合がやりたくなってくる。練習の成果を確かめたいのである。行動様式が、負けて落ち込んでいたときと変化したのだ。学習が起こったのである。

そして、実際に試合をしてみて勝てればとてもうれしい。「練習を工夫し、その結果、実力が向上した」という経験ができ上がる。さらに、練習を工夫する気になるし、練習にも身が入ることになる。そして試合に臨む。このようにもう一度繰り返したくなる経験は、おもしろい経験である。

初めの、エラーで負けたという時点からみると、練習方法を変えて、その後に試合をしたというのはリターンマッチに挑戦したとみることもできる。リターンマッチがしたくなる経験は、知識、心の動き、知識を実際の場面に適用するという三つの局面を引き起こす。したがって学習しやすい。リターンマッチがしたいという経験は、おもしろい経験なのである。

普通、おもしろくない仕事と思われる繰り返し作業も、リターンマッチの視点を入れると、おもしろい経験に変えられる。いままでの方法を見直し、作業時間を短縮できたりするとかなりうれしい。大切なのは、おもしろさをみつける能力を高めることである。

歴史の教訓からわかること

勝っても負けても経験から学ばなければいけないが、より多く学べるのは負けたときだ。参考のための事例を紹介しよう。事例が戦争に関することばかりなのには理由がある。戦略論の分野では、「負けたほうがよく学ぶ」は教訓のひとつで、そのため、成功事例の繰り返しは負ける原因のひとつとしているからだ。

日本にいちばん関係深いのは、太平洋戦争のときの真珠湾攻撃の事例である。真珠湾のアメリカ軍を、航空母艦を中心とする機動部隊が攻撃し戦艦を多数沈めたケースである。このときまで、航空機の攻撃で防御力の強い戦艦が沈められるとは、多くの関係者は思っていなかったことから、真珠湾攻撃は日本海軍が生んだ画期的なイノベーションといえる。アメリカ海軍はこの敗北によって、航空機の攻撃力の強さと、航空母艦を中心とする機動部隊の重要性を強く認識した。一方、勝った日本海軍は、従来からの戦艦中心主義にこだわり続け結局、戦艦群の威力を発揮する機会を得ないまま、負けてしまった。

イスラエルとエジプトが何回も戦った中東戦争のケースも典型的な事例である。一九六七年の第三次中東戦争では、陸軍力で劣るイスラエルが、戦車で陸軍力を誇るエジプト軍を破り大勝した。このときイスラエル軍は侵攻速度を重視し、航空機と歩兵の支援なしに戦車部隊を前進させた。空軍は、主として後方のエジプト軍とその補給ラインを狙いとしたのだ。この攻撃では、エジプト軍歩兵が放つ対戦車ミサイル、対空ミサイルの被害はそれなりにあったのだが、鮮やかすぎる勝利のために見過ごされてしまった。その結果、イスラエル軍の戦後の補強は、その威力を認識した戦車中心になった。

六年後の七三年に勃発した第四次中東戦争では、イスラエル軍は、ミサイルを携帯するエジプト軍歩兵の制圧作戦を実行せず前回同様、戦車の突撃と空軍力で勝とうとしたが、エジプト軍はミサイルによる対戦車防御、対空防御に専念し、勝ちはしなかったもののシナイ半島を制圧して有利な条件で和平を獲得できた。戦車とミサイルでは値段が大きく異なるため、戦争のコスト面では、イスラエルの損害はエジプト軍よりはるかに大きかった。

苦しかったことはよく覚えている。こわかった学校の先生のことは覚えているのも同様だ。負けたほうは長く覚えていて対応策を考えるが、勝ったほうは同じやり方を繰り返しがちだ。それが負ける原因につながる。だから失敗をいやがってはいけない。

16

期待して鍛えよう決めつけずに

まわりの期待や応援、学校という育てるための環境、期待に応えてがんばろうとする思い、少しむずかしいことにチャレンジしてできたときの喜びとまわりの賞賛。そしてまた少しむずかしいことにチャレンジする――「育てる力」と「育つ気持ち」の二つが反応し合って、人は成長していく。

育てる力と本人の育とうとする気持ちの一方が不足しても、順調には育たない。小学校ぐらいであれば、この二つを揃えることは、それほどむずかしくないが中学、高校と進むにつれ、人を取り巻く条件が変化するので、この二つを揃えることは簡単ではなくなり、成長度合いにも大きな違いが出てくる。成人した大人の場合はなおさらである。

「育てる力」をどう強化するか

そこでまず、「育てる力」をどうつくるかについて考えてみよう。

競争に勝つためには、一試合ごとに強くならなければならない。チーム活動の結果、経験から学び、メンバーが自分で判断し、行動できる範囲が広がれば、それだけチームは強くなる。しかし、大人は子どものようにはなかなか経験から学べない。それゆえ経験から学ぶことを個人任せにしていたのでは、効果はあまり期待できない。育てる力を育てるためには、経験から学ぶ効率を上げる方法を研究しなければならない。

Ⅲ章13で、大人が経験から学習するためには、経験と理論が統合するAh-Haが必要であり、そのためには3Dラーニングという工夫が大切であると指摘した。3Dラーニングは、知識を得る「刺激」、心が動く「反応」、そして習得した知識を実際の場面で使う「統合」のプロセスが行動を変化させるためには必要になるという考え方である。

このことを「経験から学ぶ」場合にあてはめてみるとどうなるか。経験は本人にとって、新しい知識の源泉となるものだが、経験をいくら積み重ねても、経験したことの意味を考えなければ、経験は新しい知識とはならない。経験を振り返り、次に役立つ教訓を取り出さなければならない。

たとえばこんな例。上司に仕事の提案をしたところ、それが採用されないことが続いた。なぜだろう？　なんとかしなければと思った。そこでいくつかの場面を思い出し、どんなときにOKがもらえて、どんなときにうまくいかなかったかを考えてみた。先輩にも意見を求めてみた。すると、職場の問題点の説明ばかりをし、目標を達成した後の姿の説明が不十分であった場合、やり直しになることが多いと気づいた。そこで次の予算会議では、新しいプロジェクトを実行すると売上高がどれくらい伸びるかについての資料をつけるように準備した。そして予算会議で実際に実行してみた。上司の反応はきわめてよく、あっさり了解をもらうことができた……。

こういう経験をいくつか積み重ねるうちに人は、一段上の仕事ができるようになる。経験から学んだのだ。

学習のサイクルを回し、経験から学ぶ

この例には、①経験を振り返る、②経験から教訓を引き出す、③次のステップを計画する、④経験する（実行する）、の四つの場面があることがわかる。

経験から学ぶという言葉があるが、いくつかの経験のなかから、教訓を引き出さなければ、経験は新しい知識とはならない。また教訓と思ったことは、自分の意見であり、本当に正しいかどうかはわからない。それゆえ次のステップを計画するとき、場合によっては、まわりの意見を聞いたり、理論的な解説書を参考にしたりすることも必要になる。その上で、実際の場面に使うことを計画する。そしてその計画は、自分の状況にふさわしいものでなければならない。実行してみて、引き出した教訓が正しかったかどうか、また振り返ることになる。

上記の①~④のプロセスが身につけば、経験から学習する方法を学習できたといえる。この場合、「先輩のアドバイスは、こういうことだったのか」「マーケティングの本に書いてあったことはこのことを指していたのか」といったAh-Haがあれば、自分の意見をつくるときに役立つ。自分の経験と理論を照らし合わせることによって理解が深まり、自分の意見がしっかりしたものになる。

このようにして、しっかりした自分の意見をもてるようになれば、自分で判断し行動できる範囲が広がっていく。つまり「学習する方法を学習する」ことを応援する仕組みができれば、育てる力を育てることができるのだ。

実は、①~④はどこからスタートしてもかまわない。④の経験することから出発しても、本を読んだり、先輩のアドバイスからはじめてもよい。理論を解説する本は、過去の教訓を整理したものと考えられるので、②の経験から教訓を引き出すに相当する。要は、④①②③でも②③④①でもよいが、四つのプロセスがチームの活動のなかで繰り返し起こるようにすることである。そうなれば、「学習する方法を学習する」ことになる。チームのリーダーとメンバーが心がけなければいけないことは、このことである。

「やる気がない」というけれど

自分の意見をもつことができれば、自分で判断し、行動する範囲が広がる。すなわち成長できる。育てる力は、①~④の場面が生まれることを妨げず、奨励することによって生まれる。このことをとてもよく表現しているのが、「決めつけず、期待して、鍛える」である。

これは、女性幹部を育てるときに必要な心構えとしてNECラーニングの社長であった内海房子さんが、NECラボラトリーズ研究企画部の人事統括マネジャーの時代に、日立の研修所で紹介した言葉である。女性を育てる場合だけでなく、人を育てるすべての場合にあてはまるよい表現だと思うので以後、使わせていただいている。

「才能がない」「やる気がない」「向いていない」などと決めつけてしまって、経験する機会を与えないのでは、教訓を引き出すことができないし、自分の引き出した教訓である持論を確かめることができない。期待されなければ、がんばろうと心が動かないので、むずかしいことには挑戦せず、教訓も得られない。次のステップを計画するにも身が入らない。鍛えるためには助言ばかりせず、自分で考える機会をふやしたり、少しむずかしい仕事を与えたりする。結果を前に振り返る機会を与え、次はどうするか計画させなければならない。よって育てる力を育てるためには、「決めつけずに、あなたならできると励まし、足りない部分を指摘して鍛える」ことである。そうした考えをまわりの人、上司、同僚、部下の全員がもたなければならない。人を育てることはリーダーだけの仕事ではなく、メンバー全員の仕事である。

若い人には、「それで、あなたの意見は?」と自分の意見をもつことを促し、「こういう考え方もあるよ」と別な切り口を紹介する。すぐに若い人の意見を否定するのは賢明なやり方ではない。考え方のヒントを出して、気づかせる。期待していることを言葉に出す。それこそがベテラン、中堅メンバーの役目である。

プロとみなされる人であれば、専門領域についてはだれでもそれなりの持論をもっている。それゆえ、チーム活動は、その持論を試すよい機会である。中堅、ベテランを問わず、お互いに意見をぶつけ合うことにより、持論をより汎用性の高いものに改善できる。かたくなに持論を展開するだけでは、自分も仲間も成長できない。相手のよいところ、自分の考えが足りなかったところなどをどんどん取り入れるだけでなく、相手にも同じことが可能なように情報を提供すべきである。リーダーは、各人が自分の力より少しむずかしい仕事をするチャンスがあるよう役割分担したり、仕事を回したりする。先頭に立って仕事をするだけがリーダーの役割ではないのだ。

個人の力量を合計した以上の力を出すことがチームには期待されているが、それは、人を育てる場合にもあてはまる。メンバーの一人ひとりの人を育てる力を合計した以上にチーム全体で人を育てなければならないのだ。

主役を持ち回りにしてチャンスを与える

筆者がフランスの工場で働いていたときには、チームワークを説明するのにサッカーの事例を使った。

「パスを受けやすい場所に走りこむ、受けやすいパスを出す。そのためには他の選手の動きに気を配る必要がある。同じように仕事でも、前工程、後工程に気を配り、職場全体の動きも考慮に入れてほしい。それがチームワークだ」

サッカーでは、パスを受けた人がパスを出すまでが主役である。しかし主役は、ボールの動きとともに交代する。フォワード、ディフェンダーといった役割はあっても、いずれ主役の番が回ってくる。それゆえいつ主役が回ってきてもよいように、全体の動きに常に気を配る必要がある。仕事も同じで、主役は場面ごと、製品ごとに交代する。設計の工程が終われば、主役は製造の工程に移る。値段と品質が大切な場合と、何よりもお客さんに対する提案が重要視される場合とでは、主役となる工程は異なる。一方で、主役ではないからといって、どこかの工程が努力を怠れば、突然事故が発生したりして、原因究明の際、「不名誉な主役」を演じることになる。主役はいつか回ってくるものなのだ。

主役とは、ある局面でリーダーシップを発揮している人のことである。リーダーシップを発揮しなければいけないのは、その局面で要求される能力を備えた人、あるいはその局面に対応しなければいけない立場にある人である。

最近、小学生の間で野球の人気がサッカーを上回りはじめたという。サッカーは上手な子にボールが集中し、場合によってはゲーム中、一回もボールを蹴らないうちに交代するケースも起こる。それに対して野球は必ず打席が回ってくる。主役になるチャンスが確実にあるので野球のほうが楽しい、というのだ。人々の意欲を高める上で、主役が持ち回りであることの大切さを示す事例である。鍛えるには、主役になるチャンスを与えなければならない。

チームワークとは、「どんなときに自分の役割を超えて努力するかについての共通認識」だと述べたが、主役になる番がいずれ自分に回ってくると考え、そのときに備えて、常にチーム全体の動きに気を配る姿勢のことでもあるのだ。

17

チームの責任はロールモデルの提供

人が育つには、育つように応援する環境が必要だが、喉が渇いていないと水を飲みたいと思わないのと同じように、自ら成長したいという強い意欲がないと、人は育たない。将来は、プロのサッカー選手になりたいという思いがあるから、練習に励むのだ。「将来、こうなりたい、こういうことがしたい」という目標が必要である。この目標についての自分の意見がキャリア観といわれるものである。

現実的なキャリア形成の方法とは？

キャリアとは、「どういう職業人生活を送りたいか」という問いに対する自分なりの答えである。この質問の前には、「どういう人生を送りたいか」という問いがあるのだが、職業がなくては人生が成り立ちにくいので、「どういう職業人生活」という問いになる。

人生という長い期間を支える職業を手に入れるためには、相当の努力が必要なので当然、それは中長期の目標である。またその目標をめざしてじぐざぐ歩いてきた足跡、すなわちこれまで自分なりに出してきた答えでもある。

キャリア形成の理想型は、

・自分らしい仕事を選択し
・好きだから上手になり
・進歩がわかるので努力でき
・努力の結果、専門性が高まり
・自律的に行動できて
・（その結果）自分らしい人生が送れる

というものだ。しかし、この理想型は実行するのがかなりむずかしい。なぜなら「自分らしいとはどういうことか」「自分が本当に好きなことはどんなことなのか」がなかなかわからないからだ。プロのスポーツ選手や音楽家などの芸術家は、人生の比較的早い時期に、やりたいことや好きなことがわかった人々である。それは、多くのビジネスパーソンにはあてはまらない。よって別な方法を考えるべきである。

現実的なキャリア形成方法は、次のようなものである。

・自分らしいことはすぐにはわからないと考える

・まず仕事についてみる
・経験したことから学習する
・適職を自分でつくる努力をする（自分らしいやり方で仕事をする方法をみつける）
・自律的プロ人材となる
・（その結果）自分らしい人生が送れる

大部分の人は、学校を卒業してはじめて仕事につく場合、自分らしいこととは何かがまだはっきりしていない。そのため電機とかマスコミとかの産業分野で会社を選び、職種も、設計などの技術系の仕事、人事などの文科系の仕事という程度の非常に大まかな選択しかしていないケースが多い。しかしそれでよい。自分らしいことはすぐにはわからないからだ。「自分探し」に時間を費やして仕事につかないよりは、仕事についていろいろ経験し、経験から学習することによって、少しずつ自分らしさ、自分が好きなことを発見すればよいのである。どういう職業人生を送りたいかという問いに、自分なりの答えを出すためには、まず歩き出すことが肝心なのだ。

おもしろくなれば「自分に合っている」

スポーツでも趣味でも、初心者のうちは、あまりそのスポーツや趣味のおもしろさはわからない。ある程度のレベルに達するまで継続しなければ、そのおもしろさはわからないものだ。継続できたとすると、それはすでにそのスポーツや趣味のどこかにおもしろさを発見しているのである。仕事の場合も同様で、おもしろいかどうかわかるには、ある程度の腕前に到達しなければならない。そのため時間がかかるが、仕事を続けられれば、自分では気がついていないかもしれないが、どこかにおもしろい点がみつかっているのだ。

おもしろくなる理由はいろいろである。先生が好きだとその学科が好きになるように、上司や先輩に恵まれればその仕事が好きになる。仕事の腕前が上がることでおもしろくなってくるという場合もある。責任がふえてやりがいを感じておもしろくなってきたというケースもある。

肝心なのは、仕事がおもしろくなるかどうかである。「自分に合っていれば、仕事はおもしろい」のではなく「仕事がおもしろくなれば、自分に合っている」（と感じる）のである。時々、自分の性格や資質に合った仕事がどこかにあり、それを発見すれば、おもしろい仕事ができると考える人がいる。これは、適性検査や資質のアセスメントという道具の発達がつくり出した幻想にすぎない。「ネクラはだめで、明るくなければ仕事はうまくいかない」というのも間違った思いこみである。外交的なセールスマンがいつも成功するとは限らない。口数は少ないが、誠実な人柄で売り上げを伸ばす人もいる。人間の資質は複雑で、その範囲が広い上に、適応性や学習能力といったものの影響も大きい。向いている仕事の数のほうが、向いていない仕事の数より断然、多いのだ。おもしろくなったなら、その仕事は自分に合っているのである。

おもしろくなれば、もっと知りたい、もっと上手になりたいと思うようになる。成長したい気持ちが育ってくる。「おもしろい！」は育つ気持ちを育てる根っ子である。

見本となる一流の人物に触れる

仕事がおもしろくなったら、あとは、その仕事が「適職」と感じられるまで、専門性を高めることができるかどうかである。だから適職は、だれかがつくるものではなく、自分でつくるのである。

どんな仕事でも、上手にやる方法がひとつしかないということはない。上達の方法がひとつしかないということもない。必ず複数の方法が存在する。そのなかから自分に合う方法を選べばよい。合う方法がなければ、自分でつくればよい。典型的な人事マンとか営業マンという型があるとしても、それに合わなければ成功できないということはなく、多くの場合、成功するのはむしろ新しいタイプをつくり出した人である。つまり適職をつくってしまった人が勝ちなのだ。

しかし何事も、見本があったほうがやりやすいことにかわりはない。チームの責任はこの見本、ロールモデル（role model）を提供することにある。

キャリア形成で必要なことは、とてもかないそうもないと思われる一流の仕事や人物に触れて、「ああそうか、ああいう仕事ができなければいけないのか」「あのようにならなければいけないのか」「あのようになりたいものだ」と感じることである。当然、このモデルは、子どものころのものと、社会人になってからのものは大きく異なる。会社に入ってからも、自分の成長段階により見本とすべきモデルは異なってくる。

いろいろな背景をもつ自律したプロ人材の集まりであるプロジェクトチームなどは、身近に一流の仕事や一流の人に触れられるよい機会である。一流とは、そのレベルなりに一流であればよく、新人は新人として一流、中堅は中堅として、ベテランはベテランとして、リーダーはリーダーとして一流であれば、他の人の参考になりうる。手本とすべきことは、専門職能分野の技能もさることながら、勉強の仕方や、生活の仕方、議論の進め方、リーダーシップの取り方など幅広い事柄に及ぶ。適職を自分でつくってしまった手本が身近にあれば、メンバーの育つ気持ちは大いに刺激されるはずである。

自分をなんの専門家と考えるかが重要

その仕事が自分にとって適職と感じられるほど専門性が高まったとしよう。このとき大切になってくるのは、自分をなんの専門家と考えるかである。これによって進むべき方向は大きく変わってくる。

たとえば自分はパソコンがつくりたい、自分はパソコンの設計者であると考えたとしよう。パソコンの設計者である以上、そこに使われる部品、ディスプレーやメモリー、ハードディスクドライブや電池などについての知識、パソコンに搭載するOSやアプリケーションソフトなど、幅広い分野の技術知識が必要である。パソコン全体の設計責任者に成長するまでには、いろいろ経験から学ばなければならない。ところがある日、会社がパソコン事業から撤退すると決定し、設計者はTV事業部門に異動を命じられたとしよう。さてどうするか、である。

「パソコンがつくりたくてこれまで努力してきた。どうしてもパソコンをつくる仕事がしたい」と考えるのであれば、パソコンをつくっている他社に転職するしかない。その場合、これまでのキャリア、仕事の経歴が助けになるはずである。

しかし自分は、画像処理技術のエンジニアであると思っていたとしよう。画像処理技術を使ってパソコンをつくっていると考えている。この場合は、TV部門への異動は問題ではない。「かねがねうちのTVの画像処理はたいしたことはない、おれたちだったらもっとうまくやるのに」と仲間うちで議論していたからだ（TV部門の技術者も、「うちのパソコンは画像がよくない、おれたちだったらもっとうまくできるのに」といっていたのだが）。

自分は、電子技術の専門家で、ハードとソフトの両方の知識が必要な製品の設計が得意だと考えていた人は、TV部門に移って、テレビとパソコンが融合した新製品の開発を夢みるかもしれないし、あるいは幅広い知識を活かしたいと、カーナビを開発している自動車部品事業部に異動を希望するかもしれない。ハードとソフトの両方に強く部品に関する知識の豊富な技術者は、どこでもひっぱりだこなのだ。

このように、自分はなんの専門家と考えるか、自分のこれまでの経歴はなんであったかというキャリアに対する見方により選択の方向は変わってくる。自分がしたいことは何かについての自分の考え、キャリア観が大切な理由がここにある。M&Aが普通のことであるような変化が激しい時代には、パソコンの設計者というよりは画像処理の技術者、さらにはハード、ソフト融合製品の開発者といった、より抽象度の高い自己認識をもつ人のほうが選択の自由度が高くなり、生き延びやすくなる。柔らかなキャリア観が大切なのだ。

18 一皮むける体験の機会をつくる

まわりに人を「育てる力」があって、本人も成長したいと「育つ気持ち」をもっていたとしても、鍛える場がなくては、人を育てることはできない。人を鍛えるのにいちばんよいのは、むずかしい仕事にチャレンジする場があることである。

育てるローテーションを実行する

人が育つには、一皮むけるような仕事の経験をすることが大切である。優秀と目される人はどこかで修羅場といえるようなきびしい場面に遭遇し、それを切り抜けていることが多い。つまり仕事が人を育てるのである。新しい経験をする機会を与えるローテーションは人を育てる重要な武器となる。

日本の高度成長期に中堅幹部であった人々は、会社が特段意図していなかったにもかかわらず、このローテーションを経験することができた。事業が発展し、ポストもふえ、次々と新しい仕事、一つ上の能力が必要な仕事が回ってきて鍛えられた。しかし低成長の時代になると、だれもが一皮むける機会に恵まれる状況ではなくなる。したがって育てたい優秀層には、計画的にその機会をつくらなければならない。そこで工夫された仕掛けが、選抜教育制度である。

選抜教育を実行しようとすると、二つの計画が必要になる。一つは、一皮むける経験をする機会を与える人の優先順位を決めるリストづくり。名称はいろいろだが、とりあえず「サクセションプラン」としておこう。一皮むける経験ができそうな仕事、たとえば海外で新しい工場を建設する、工場を閉鎖して撤退する、新しい製品の市場を開拓するなどは、いつもあるわけではないし、だれにやらせてもよいというわけでもない。そこでそういう機会が生まれたら、リストのなかから適材を選ぶのである。もう一つは、「後継者育成計画」。サクセションプランに載った人が現在、ある工場の設計課長だとして、サクセションプランに載った以上、その人にチャレンジングな仕事の白羽の矢が立ってある日突然、引き抜かれることが予想される。そのため設計課長の後任の候補はだれとだれかをあらかじめ決めて、訓練しておく。これが後継者育成計画である。

サクセションプランと後継者育成計画を明確に区分せず、あいまいにしたままだと、ローテーションは総論賛成、各論反対になって実行されにくい。実行されても、人を育てるローテーションの色合いが薄くなってしまう。それにもかかわらず思いのほか、次に一皮むける経験をするチャンスを与えるのはだれかを検討することの重要性が見過ごされている。肝心なのは、だれを後継者にするかではなく、だれに育つ機会を与えるかである。

ローテーションが大切なのは、それによって人材の確認ができることである。多くの場合、サクセションプランに載るのは、これまで業績査定で評価が高かった人々である。しかし、業績評価は人が行なうもので、どうしてもいくつかのバイアス、ゆがみがともなう。たとえば、いちばんよい評価がつくと、それが継続するなどが、その一例である。それゆえ評価はそんなに正確なものなのかという健全な懐疑主義が必要である。本人が本当に優秀なのか、それとも上司に恵まれた、仕事に恵まれたなどの外部条件のせいなのかを確かめてみる必要がある。

また攻めるときのリーダーと守るときのリーダーというように、状況によりリーダーに要求される能力は異なる。本人はどちらの場合に適しているかを知る必要もある。ローテーションは人を育てる場として有効だが、人を確かめる場としても有効である。

もっともローテーションの重要性はわかっても、実際の場面では、なかなか実行しにくい。条件がうまく整わないと引き受けたほうも、引き抜かれたほうも戦力が低下してしまうからだ。そこでローテーションの場の不足を補う方法のひとつが、一時的に本来の職場を離れて参加することが求められるプロジェクトチームなどのメンバーに任命することである。チーム活動は、いろいろなレベルのプロ人材とまじわり、従来と異なる業務を担当する機会となるので十分、ローテーションと同じ働きをする。したがってチーム編成を考える際、問題解決に必要な人材を集めるという視点だけでなく、育てる人材を集めるという視点が不可欠である。その上でどのような役割を担当させるか考えなければならない。

育てるに適したAポジションを用意する

「人を育てるのにローテーションが有効なことはよくわかる。しかし実際問題としては、業績の確保を迫られている以上、優秀な人材を出すのはむずかしい」

「まったくの素人に部長や課長のポストに座られては、部下が大変」

ローテーションについてはこのような総論賛成、各論反対の声がよくあがる。Aクラス人材を育てるために人材の選抜が必要なのと同じように、人を育てるには適したポジションの選定が必要だが、この選定が十分に行なわれていないことが原因のひとつである。

そもそもAポジションは、会社にとって戦略的に重要な職務を担当する職位のことで、主力製品のマーケティング担当課長とか、新製品開発担当の主任技師とか、会社により、また時代により変化する。しかし世界中で競争する時代にあって、人を育てる能力がきわめて重要になり、かつ個人のキャリアについての関心が高まってくると、Aポジションに新しい性格のものを加える必要が出てくる。人を育てるローテーションに適したポジションがそれである。例をあげれば、

①新任課長や新任部長にちょうどよい大きさのポスト
②上に素人がきても十分支えられるベテランがいる部署
③上を引き抜いても大丈夫な後任が育っている部門

などが、それである。②や③のケースは状況が流動的なので、チャンスをとらえてローテーションを行なわなければならない。そのため常に職場の状況をよく観察しておく必要がある。昔はこういう観察をベテラン人事課長や事業所長、設計部長や製造部長がきちんと行なっていたので、ローテーションは比較的円滑に実行された。しかし現在では、仕事の忙しさに紛れ、このAポジションの把握が十分に行なわれていないきらいがある。そのためローテーションがうまく実行できない。

Aポジションのもうひとつの種類にキャリア対応上、重要なものがある。「チェンジ・オブ・ペース対応型」とでも呼ぶべきもので、猛烈に忙しい仕事を三年やったら次の一

年、少し暇で勉強する時間がもてるポストにつけるのがそれだ。仕事ができないから回されたのではなく、充電のためだということが、本人にもまわりの人にもわかるポジションというのが重要である。さらに、子育て期間や親の介護の期間などには、本人の技量が維持でき時間の自由がきくポジションなども必要である。高速道路の上り車線に設けられた低速車用の車線と同様、一時的にその仕事をするが状況が変われば再び元の業務に戻れるポジションというのも大切になってくる。

人を育てるためにチームを活用する場合、メンバーをだれにするか考えるにあたって、Aポジションの考え方が考慮に入れられなければならない。比較的軽い目標を与えられてつくられたチームもあるし、会社の浮沈をかけた課題に取り組むチームもある。いずれの場合でも、どのチームにだれを任命するか、だれをリーダーにするかが重要である。新人に向く役割、ベテランに担当してもらう役割というチーム内の役割分担もある。人が育つ場を用意するとき、Aポジションに相当するものは何かを把握することが不可欠である。

強いチームは好循環をもたらす

仕事で人は育つ。よい結果が出ればそれに勇気づけられ、悪い結果が出れば、次に改めなければいけないことが理解できて、それぞれ次の目標に挑戦できる。どちらでも結果を踏み台にして前進できる。しかしそうはいっても、やはりよい結果が出たチームのほうが人は育つ。チームづくりがうまくいき、チームワークのよさを味わうことができ、他の人から学ぶことができたからである。結局、強いチームは弱いチームより多くの育つ場を提供できる。

したがって「どうすれば人を育てるチームになるか」という問いの究極の答えは、「強いチームになること」になる。強いチームに入れば、決めつけずに、期待して、鍛えてくれるメンバーがいるし、ロールモデルとなるような先輩もいる。夢中になって仕事をしているうちに実力が向上し、進歩がわかるのでうれしくなり、仕事がおもしろくなる。強いチームでは、よい循環が起こりやすい。

ただし強いチームのメンバーにはだれでもなれるわけではない。野球の名門ヤンキースに入るためには、相当の能力が要求される。自衛隊のレンジャー部隊の隊員になるためには、きびしい訓練を乗り越えなければならない。メンバーになった後もメンバーの地位を保つための努力が要求される。

強いチームの一員になりたいという気持ちが「育つ気持ち」を育てる。メンバーになった後は、よい設備とよいコーチ、お手本などの「育てる力」も存在するし、強いチームの員でいたいという気持ちが普段の努力を後押しするので、成長する。チームを離れた後も、強いチームの一員であったというプライドがあるので、よい手本になるべく自身が努力するし、後輩も指導するので尊敬を集める。再び強いメンバーが必要なチームから声がかかり、さらに能力を向上する機会に恵まれる。よい循環は続きやすい。人が育つ場として強いチームは必要である。

強いチームになるためのチェックリスト

強いチームになるための責任は、リーダーだけが負うものではなく、メンバー全員が負う。そもそも本格的なチームでは、リーダーの役割も持ち回りである。メンバーそれぞれが、あるときはリーダー、あるときはサポーターとして働かなければならない。

そこで最後に、チームの成長段階別にリーダー、メンバーのそれぞれが強いチームになるために果たすべき役割を、これまでの議論にもとづいて整理しておこう。詳細は図表3～4のチェックリストをみてほしいが留意点は以下のとおりである。

①立ち上げ期のリーダーの役割は、チームをつくった責任者と事務局が担当することも多い。チームをつくった理由や目標を説明する必要があるからだ。その説明が明確であったかどうかチェックし、不明確であればさらに説明を求めるのがメンバーの役割である。

図表 3　　**チーム活動チェックリスト**

	[リーダー]	[メンバー]
A 立ち上げ期	1. チームをつくった理由(現状に対する不満, 変えた後の姿, 変える手順の3点)を説明したか 2. 目標についてメンバーが考えていることを確認したか 3. 異質なメンバーを集めることができたか	1. 目標は明確か(何をどのくらい変えなければいけないか想定できたか) 2. 目標のわくわく度は十分か 3. 目標を達成すれば勝ちにつながると信じられるか
B 混乱期	1. 活動の手順および役割分担について説明したか 2. メンバーが自分の意見を明確に表明したか 3. 意見の対立がみられたか	1. 自分が期待することとチームの活動との間のギャップを把握したか 2. 活動の手順についてのリーダーの提案に対し意見を述べたか 3. 役割分担の提案に対し意見を述べたか
C 平常化期	1. 活動の手順に合意は生まれたか 2. メンバーは役割分担を理解したか 3. 中間目標は設定できたか	1. 活動の手順を理解したか 2. 目標が達成された後の姿をイメージできるか 3. 自分および他のメンバーの役割を理解したか
D 活動期	1. 活動の手順を柔軟に変更したか 2. 自然な形で役割分担を交代したか 3. メンバーはお互いに刺激し合ったか	1.「どうして」「だから」「それなら」で議論したか 2. 抽象の階段を揃えて議論したか 3. Ah－Haと思う発見があったか
E 終息期	1. 目標は達成できたか 2. Ah－Haを整理したか 3. 人は育ったか	1. 目標達成に貢献できたか 2. 成長できたと感じるか 3. チーム解散後にやるべきことは整理できたか

図表4　**チーム活動評価表**

		A	B	C	D	E
リーダー	1					
	2					
	3					
	計					
メンバー	1					
	2					
	3					
	計					
合計						

〈記入要領〉
アルファベットおよび数字は，チーム活動チェックリストに対応する
（例）リーダー欄のAの1欄は，立ち上げ期の説問1に対する評価を記入する
リーダー：リーダー欄に記入する．メンバー欄にはリーダーからみたメンバーについて評価を記入する
メンバー：メンバー欄に記入する．リーダー欄にはメンバーからみたリーダーの評価を記入する
評価点：5=十分　4=どちらかといえば十分　3=どちらともいえない　2=どちらかといえば不十分　1=不十分

②混乱期に重要なことは、目標や目標達成の手順について意見の対立が起こることである。それゆえリーダーもメンバーも、自分の意見をはっきりと述べることが大切で、空気を読んだような意見は有害無益である。この段階で十分議論せずに対立を先送りすると、あとで議論の後戻りが発生する。

③平常化期は役割分担が決まり、チームの運営方針も定まってくる時期なので、合意したことの内容が正しく理解されたかどうか、リーダー、メンバーそれぞれが互いに確認し合うことが重要である。

④活動期はチームがフル回転する時期である。自然な形での役割分担の交代や抽象の階段を揃えて議論が行なわれたかなど、活動の

中身についてのチェックが必要である。リーダーの仕事はみなの相談相手になったり、メンバーを激励したりすることで、先頭に立つのではなく一歩引いた形が中心となる。

⑤終息期にやるべきことは多く、チームの発展段階のうちでも重要な局面である。リーダーの役割は、活動結果を振り返り、何を次に引き継ぐかを決めることである。リエントリープログラムをメンバーがきちんとつくったかどうかも確認すべきである。メンバーも同様に振り返りを行ない、チームの活動に貢献できたかどうか、自分が成長できたかを点検しその上で、チーム解散後にやるべきことを整理しなければならない。

結局、人を育てるチームになるためには、強いチームになることが近道である。そのためには、手順を踏んで本格的なチームをつくり、チームを上手に動かし、個人の能力を合計した以上の結果を出し、経験から学習し、人を育てる以外に、あまりよい方法はない。正攻法しかないのである。チェックリストをそのために、十分活用してほしい。

おわりに

引き継ぐべき遺伝子は「仕事はおもしろい！」

グローバルな競争が激しくなり、世界のどこで、何をつくるか、自分は何を担当し、人には何を頼むかを考えなければならなくなった。そのような時代に何もしなければ仕事は賃金の安いインドや中国、東欧や東南アジアなどの新興国に流れてしまう。MITの産業生産性センターのスザンヌ・バーガー教授のチームが、繊維産業とエレクトロニクス産業を対象に、競争のあり方を研究したが、その際の問題意識は次のようなものだった。

「少なくともわれわれと同じ水準の生活をするチャンスを子どもたちに残すためには、いま何をなすべきか」（*How we compete*, 2005）

デジタル技術の進歩によって、ハード、ソフトに限らず物をつくる工程の分割が可能になり、モジュール型の生産方式が広がり、仕事の海外への移転が進んだことが背景にある。バーガー教授のこの研究の結論は、自分の特徴点を活かして闘うさまざまな方法があり、賃金が安いだけでは勝つことはできないというものだったが、しかし問題は自分の特徴をどう理解するかである。

国でも企業でも個人でも、自分のことをよく知るのは簡単なことではない。バーガー教授は、アメリカがグローバルな競争に生き残るためには、「教育水準を高めることと、オープンでチャレンジすることを尊ぶ文化の維持」が必要だという。ひるがえって日本がグローバルな競争に生き残るために必要なことは何かと考えると、教育水準を高めることと、仕事は大変だがおもしろいという仕事を尊ぶ文化を引き継ぐことではないか。仕事は苦役ではなく自分を高めるもの、自己を表現するものと考える日本の遺伝子を守っていけば、環境変化に応じていろいろな工夫ができる。石油の価格が高騰したことに対応して、省エネ技術が世界のトップレベルになったのはその一例である。

チームビルディングの技術は、まさにこの「仕事は大変だがおもしろい」を維持するのに役立つ。目標設定の仕方、目標の共有化の方法、チームワークのつくり方、学習方法や人の育て方――どれをとってもノウハウ集があれば簡単に実行できるというものではないが、いったんそれを習得して身につければ、仕事をおもしろくするのに役立つ。チームビルディングの技術はひとつの総合技術なのだと思う。

*

筆者はこれまで二冊、本を書いた。一冊目の「Aクラス人材の育成戦略」は、経営者や人事勤労の専門家を対象に、変革期の人材開発のあり方について論じたもので、競争に勝つためには経営の専門家が必要であり、経営幹部の育成方法は、選抜者の育成と自分で勉強する人の応援の二本立てがよい。そして個人としては、組織内にあってもセルフエンプロイド（self-employed）、独立自営業者のような考え方をする自律型プロ人材をめざすべきであり、会社もそういう人を上手に使えるようでなければならないと主張した。

二冊目の「組織内一人親方のすすめ」では、セルフエンプロイドに一人親方という訳語をつけ、個人を対象に、自律型プロ人材に自分で育つ方法を論じた。自律型プロ人材とはどういう人を指すのかを明確にし、経営の専門家である経営者も、自律型プロ人材の範疇に属するとした。自分で育つために必要なキャリア観についても持論を述べた。

今回、チームビルディングについて本を書いてほしいという依頼が経団連出版の金井功さんからあったとき、当初は、前の二冊の本との関係はあまりないと思った。しかし書き進めるうちに、チームビルディングを上手に行なうためには、リーダーシップやキャリアについての理解、組織論などの知識が必要なことがわかってきた。レベルはいろいろでよいが、集められたメンバーが、自律型プロ人材でなければチームはうまくいかないことも強く感じられた。そうして前の二冊の本をよりテクニカルな側面から眺める形の本書ができ上がった。

書いている途中でとても驚いたことがある。二〇〇八年三月に青山学院大学で教育学の学位をとられた長田尚子さんに博士論文の説明を受けたときである。長田さんの論文は、グループ討議をしたとき、よい議論ができたグループとそうでないグループがあるが、その違いがどうして生まれるのかを研究したもので、グループ内の会話を分析し、「自然な説明者の交代」がよい議論のためのカギであると結論づけるものだった。チームを上手に動かすためにはグラウンドルールが必要で、標準的なコミュニケーション様式は「どうしてさー」「だからさー」「そんならさー」の横浜弁方式にすべしと指摘したこの原稿をついうれしくなって長田さんにみせてしまった。「学問的にみても妥当な意見じゃん」というわけだ。

もうひとつうれしかったのは、広告関係のクリエイターがチームについて語ったことを集めた「ひとつ上のチーム。」という本（眞木準編著、インプレスジャパン、二〇〇六年）のなかで、博報堂の柴田常文さんが、「だったらさ」という言葉が飛びかう場をつくることの重要性を指摘しているのをみつけたことだ。広告業に携わるクリエイターと呼ばれる人々、コピーライター、アートディレクター、デザイナーなどは、それこそ筆者のいう一人親方に相当する人たちである。仕事の進め方について柴田さんのように同じ意見をもつ人がいることがわかって、コミュニケーションについての持論に長田さんの場合とは別な意味で自信がもてた。おかげでチームというものを基本に戻っていろいろ考えることが楽しくなった。

*

本を書くにはやはりエネルギーがいる。楽しくないと続かないが、前の二冊の本を別な視点から眺め直すのは、新たな発見もあり、楽しかった。組織論だけでなく、学習理論に関する本も読み直すことになった。よい機会をつくってくれた金井さんに心から御礼がいいたい。また日立総合経営研修所での講義が、この本を書くのに大いに助けとなった。講義のためのパワーポイントの作成を手伝ってくれた高橋磨衣子さんにも感謝したい。いつものように書いている途中の原稿を読んでくれて、森のどこにいるかをわかるようにしてくれた妻の寿子にもお礼がいいたい。

著　者

改訂にあたって

「チームビルディングの技術」を書いてから十年が経過した。もともとが「技術」の本なので、内容は古くなっていないが、チームビルディングの技術が必要とされる理由のほうは変化してきている。仕事を取り巻く環境が一層複雑になり、一人では解決できない問題がふえて、チームによる解決が求められる場面が従来にましてふえているのだ。

チームビルディングの技術の背景となる理論のほうも、リーダーシップ理論も戦略論も、ともにコンテンジェンシー理論の影響を受けて、状況ごとに使うタイプは異なるという考え方が強くなってきている。状況に応じた選択をするためには、リーダーシップとは何か、戦略とは何か、など理論の本質的な部分の理解が必要になる。一方で、チームビルディングの技術を活用する立場の課長クラスの人たちの力量にも変化がみられる。物事を文脈で理解する力が低下しているのだ。

これらを総合的に勘案し、時代に適した内容にしようとしたので、かなり大がかりな改訂作業になってしまった。だが、日本の競争優位性のひとつである「仕事は大変だが、おもしろい」という遺伝子を引き継ぐためには、「仕事を通して成長する仕掛け」の維持が絶対に必要であり、「勝っても負けても一試合ごとに強くなるチーム」の存在が不可欠である。

欧米流の「最初に戦略目標を決め、必要な人や技術や資金を集め、細かい計画を立てて実行する」やり方を少しはまねたほうがいいのだが、やはり日本は、「もっているリソースから進むべき方向を決めて歩き出し、経験を通して戦略目標を発見して、問題解決にチームで取り組む」方法が適していると思う。そのためには、チームビルディングの技術を鍛え、人を育てながら闘うのがよい。

その意味で、チームビルディングの技術をブラッシュ・アップする機会を与えてくれた経団連出版のみなさんに心から感謝したい。

二〇一九年四月

関島　康雄

参考文献

新井紀子『ＡＩ vs. 教科書が読めない子どもたち』東洋経済新報社、二〇一八年

Berger, Suzanne, and the MIT Industrial Performance Center, *How We Compete*, Currency 2006

DIAMONDハーバード・ビジネス・レビュー編集部編「組織能力の経営論」ダイヤモンド社、二〇〇七年

Gratton, Lynda, *Hot Spots*, Berrett-Koehler Publishers, Inc. 2007

板谷敏彦『日本人のための第一次世界大戦史』毎日新聞出版、二〇一七年

金井壽宏『リーダーシップ入門』日本経済新聞社、二〇〇五年

Katzenbach, Jon R. and Smith, Douglas K., *The Discipline of Teams*, John Wiley & Sons, Inc. 2001

Kerrick, John, "Team ToolKit", Section 2, Hollander & Kerrick Associates, Inc, Peterborough, NH., USA

ルトワック、エドワード『エドワード・ルトワックの戦略論』武田康裕・塚本勝也訳、毎日新聞社、二〇一四年

眞木準編著『ひとつ上のチーム。』インプレスジャパン、二〇〇六年

マーコード、マイケルＪ『実践アクションラーニング入門』清宮普美代・堀本麻由子訳，ダイヤモンド社、二〇〇四年

マクリスタル、スタンリー『ＴＥＡＭ ＯＦ ＴＥＡＭＳ』吉川南ほか訳、日経ＢＰ社、二〇一六年

中原淳編著『企業内人材育成入門』ダイヤモンド社、二〇〇六年

大久保幸夫『キャリアデザイン入門Ⅰ、Ⅱ』日本経済新聞社、二〇〇六年

長田尚子「討論からの学びを促進する相互作用」青山学院大学、二〇〇七年度博士学位論文

ロバーツ、ジョン『現代企業の組織デザイン』谷口和弘訳、ＮＴＴ出版、二〇〇五年

Strebel, Paul and Keys, Tracey (Editors), *Mastering Executive Education*, Financial Times 2005

ティース、デビッドＪ『ダイナミック・ケイパビリティ戦略』谷口和弘ほか訳、ダイヤモンド社、二〇一三年

関島康雄（せきじま・やすお）
1966年一橋大学経済学部卒業後，日立製作所入社．小田原工場総務部長，国際調達部長，日立PC社（アメリカ）社長などを経て，99年㈱日立総合経営研修所所長，2001年より社長．06年より３Dラーニング・アソシエイツ代表．著書「Aクラス人材の育成戦略」「組織内一人親方のすすめ」「キャリア戦略」

改訂 チームビルディングの技術《ぎじゅつ》
―みんなを本気にさせるマネジメントの基本18

著者◆
関島康雄

発行◆2019年 5月10日第1刷

発行者◆
讃井暢子

発行所◆
経団連出版

〒100-8187 東京都千代田区大手町1-3-2
経団連事業サービス
電話◆［編集］03-6741-0045 ［販売］03-6741-0043
URL◆http://www.keidanren-jigyoservice.or.jp

印刷所◆サンケイ総合印刷

ISBN978-4-8185-1902-2 C2034